Le petit mercure

Collection créée par Colline Faure-Poirée
Suivi éditorial par Jean-Michel Décimo

Françoise Dolto

Parler de la solitude

Textes choisis et présentés
par Élisabeth Kouki

Mercure de France

Solitude, le texte de Françoise Dolto dont nous publions ici des extraits sous le titre *Parler de la Solitude*, a été édité aux éditions Gallimard en 1994 (édition revue, augmentée et présentée par Gérard Guillerault, Élisabeth Kouki, Colette Manier et Alain Vanier).

ISBN 978-2-7152-2586-2

Préface

« Quand on aime un homme, son conjoint, ce qui est le plus difficile, c'est de ne pouvoir l'aider dans ce que l'on ressent de sa solitude à lui. Si c'était la même solitude que celle que l'on éprouve soi-même, on aurait les mots pour communiquer. Mais on ne peut avoir qu'une compassion muette. [...] La plus grande douleur quand on aime quelqu'un c'est de ne pouvoir l'empêcher de souffrir de sa solitude [1]. » C'est ainsi que, peu de temps avant sa mort, lors d'une soirée organisée par le Centre Documentation Recherche (CDR) sur le thème de la solitude, Françoise Dolto se rappelait une fois de plus la souffrance de la solitude qui fut la sienne face à celle de son mari aux prises avec un vieillissement rapide trahissant, dès l'été 1975, les premiers signes du mal qui l'emporterait en 1981, après quarante ans de vie commune.

1. Françoise Dolto, *Solitude*, Gallimard, 1994, p. 461.

Françoise Marette connut Boris Ivanovitch Dolto pendant la Deuxième Guerre mondiale. Ils se marièrent en 1942. Médecin déjà réputé, directeur de l'École française d'orthopédie et de masso-kinésithérapie (l'EFOM), cet homme fort cultivé, à l'esprit ouvert et qui, passionné de neurophysiologie, consacra sa vie à faire évoluer la kinésithérapie en lui donnant une véritable dimension humaine, évoquait souvent ses origines russes et des anecdotes de sa vie passionnante, digne de celle d'un héros de roman d'aventures.

Boris Dolto est né en 1899 en Crimée, la province ensoleillée de la Russie d'alors, sur la mer d'Azov. Il y vécut une enfance et une adolescence heureuses sur les domaines de son père vigneron et la vaste propriété de son grand-père maternel. Ce père, dont les idées libérales provenaient de la France des droits de l'homme, l'influencera toute sa vie ; c'est à sa mère, une femme très cultivée selon les critères de l'époque, que le jeune Boris doit son initiation au français. N'ayant pas pu se rendre à Moscou en ces temps incertains où la situation politique était plus que précaire, Boris renonça au rêve de devenir médecin comme ses oncles maternels, et entreprit des études d'ingénieur au Polytechnicum d'Ekaterinodar (aujourd'hui Krasnodar). Alors qu'il faisait son service militaire sur un contre-torpilleur du tsar, il se trouva, en 1919, à Sébastopol quand les marins français, en pleine mutinerie, hissèrent le drapeau rouge sur la flotte française par solidarité avec les Soviets. Ceux-ci donnèrent aux marins russes deux heures pour décider de leur avenir, soit ils partaient, mais ne reviendraient plus jamais, soit ils ralliaient la révolution. Il avait vingt ans. Ces deux heures furent tragiques, se souvenant que son père, pourtant favorable à une révolution, lui avait conseillé de partir pendant une dizaine d'années s'il en avait la possibilité, Boris Dolto décida de rester à bord et vit, alors que le bateau s'éloignait, ses camarades qui avaient décidé de rester, être fusillés sur le quai. La flotte russe partit pour Constantinople où elle fut immobilisée plusieurs mois. Pour subsister, il s'engagea comme docker et apprit le métier d'ajusteur tourneur sur métaux. Plus tard la flotte fut désarmée à Bizerte. Boris ne revit jamais sa famille, mais resta en contact épistolaire avec elle jusqu'à l'arrivée au pouvoir de Staline. Cet arrachement brutal à une famille très unie, sans adieux, laissa pour toujours une souffrance secrète dans le cœur de Boris Dolto. Il en parlait très peu mais ses proches sentaient cette déchirure sous-jacente. La souffrance de l'exil était palpable chez cet homme pourtant totalement intégré et très vite naturalisé. Avec la vieillesse, la nostalgie de son pays se fit de plus en plus forte. Boris resta deux ans dans le sud tunisien où il travailla comme tourneur. Il apprit l'arabe et le parla couramment. Mais devant l'impossibilité d'obtenir le statut de réfugié en Tunisie, il gagna clandestinement la France en 1922, où il finit par entrer chez Renault en tant qu'ajusteur tourneur. Là, il opta pour le travail de nuit et s'inscrivit à la Faculté des Sciences, cherchant à concrétiser son premier rêve, devenir médecin. Puis, il quitta l'usine. Pour gagner sa vie pendant ses études de médecine, il fit plusieurs petits boulots : accessoiriste aux Ballets Russes, garçon de piste au Cirque d'Hiver; sur le tas il apprit à soulager et à masser les artistes. C'est ainsi qu'il fut amené à suivre l'enseignement du massage et de la physiologie du mouvement auprès du docteur Kopp qui, constatant ses dons exceptionnels, l'engagea bientôt comme professeur d'anatomie dans son école de masseurs au Quartier Latin (la future EFOM).

Dans les années 50, Françoise et Boris firent l'acquisition d'une demeure avec un grand jardin dans le Midi, à Antibes. Lors des étés familiaux dans cette villa de vacances baptisée Soledad *– un jeu de mots entre* solitude *et* ensoleillée, *en provençal et en espagnol –, Boris, qui avait toujours gardé la nostalgie de sa terre natale, retrouvait un peu le climat lumineux de son enfance et de sa jeunesse sur la mer d'Azov. C'est là aussi qu'il s'attacha à trans-*

mettre son expérience professionnelle, en rédigeant ses deux livres, Le corps entre les mains[1], *puis* Le traité de podologie[2]. *C'était après 1970.*

« Il s'éloignait, aux heures de repos, dans la solitude de sa méditation créatrice, embrumée de sensations de plus en plus précises, quoique peu visibles, de sa maladie menaçante. Il s'absorbait, il s'éloignait, pourtant si proches l'un de l'autre que nous étions. Je me sentais impuissante à l'aider, plongée moi aussi dans ma solitude. Dans le jardin, auprès de lui, je travaillais à écrire, pour témoigner moi aussi de mon expérience de psychanalyste praticienne. Et, pour moi-même, parfois je notais des réflexions. Cela m'aidait à tenir *devant le naufrage de la vieillesse rapide de Boris, dès son dernier livre terminé*[3]. »

Dans les textes réunis ici, avec une écriture lyrique qui noue subtilement son vécu personnel avec une méditation sur l'homme et sur le monde tout en y associant une élaboration théorique originale, issue de son expérience de clinicienne, Françoise Dolto nous livre sa réflexion en mettant au travail les différentes modalités de la solitude.

Élisabeth KOUKI

1. Hermann, éditeur, 1976. Réédition en 1988, augmentée d'un texte de Françoise Dolto esquissant à grands traits la biographie de Boris.
2. Maloine, 1982.
3. Françoise Dolto, *Solitude,* p. 8.

Parler de la solitude

VÉGÉTAUX, ANIMAUX
LA SOLIDARITÉ DE L'ESPÈCE

Tout être vivant s'origine dans un co-être avec un organisme porteur qui organise, miniaturisées, ses potentialités biologiques. S'il trouve de quoi entretenir et développer ces potentialités, un individu conforme à l'espèce qui l'a engendré se développe avec les caractéristiques fonctionnelles et reproductrices de son espèce. C'est ainsi que la vie se transmet à travers le temps et l'espace par des organismes vivants.

À tout mammifère, la réalité a donné un destin marqué à son origine dans une individuation, impuissante à survivre isolée.

La graine d'un végétal peut demeurer isolée dans le temps jusqu'à des millénaires, être transportée dans l'espace loin de sa plante d'origine et conserver vivantes ses potentialités de donner un spécimen achevé de son espèce, pour peu qu'elle rencontre les conditions telluriques et climatiques nécessaires à sa croissance.

L'œuf fécondé d'un insecte, d'un poisson, d'un

batracien, d'un serpent, d'un oiseau, peut survivre plus ou moins longtemps, en attente des conditions de son éclosion.

L'œuf fécondé d'un mammifère (et donc d'un être humain) ne peut donner un individu viable, s'il n'est pas nidé dans les entrailles d'un spécimen femelle de son espèce, qui a produit la part femelle de l'œuf, avant fécondation par la part mâle provenant d'un spécimen mâle adulte de la même espèce. L'individu mâle géniteur n'est pas alors indispensable à la survie des petits.

Une fois nés, les petits mammifères doivent être un temps allaités. Que ce soit par leur génitrice, par une femelle de leur espèce ou d'une autre qui les adopte et les protège, pour un temps plus ou moins long, ou que leur protection soit assurée par l'homme qui prend soin d'eux et les nourrit, les petits mammifères, une fois sevrés, qu'ils soient solitaires ou en compagnie d'individus d'une autre espèce que la leur, grandissent et se comportent conformément aux caractéristiques de leur espèce. [...]

Le petit d'homme, comme les autres mammifères, ne naît viable qu'après des mois de covivance et de nidation dans sa mère génitrice.

Après sa naissance qui lui fait laisser le placenta aux entrailles de la mère, être dans son organisme séparé d'elle, il subit une mutation – respiration, circulation, digestion viscérale fonctionnelle et excrémentation autonome. Il ne peut cependant pas survivre, et cela pendant au moins le double du temps de sa nidation, sans dépendre de l'allaitement, de la chaleur, des soins du corps et de la protection assurée par une créature vivante qui en assume la responsabilité.

Il lui faut longtemps des parents naturels ou substitutifs et le comportement à son égard de ces covivants tutélaires le forme et l'informe dans sa charnalisation au jour le jour, de façon structuralement et langagièrement indélébile, tant dans les fonctionnements de son organisme physique, qualitativement et quantitativement, que dans le devenir du développement de ses potentialités génétiques, que son individuation exprimera dans son mode d'insertion sociale.

UN ŒUF À LA DÉRIVE

L'être humain, doué d'intelligence et de mémoire (parfois en cela moins que certains animaux), diffère totalement des autres mammifères de la création. Il est surtout doué d'un encéphale très développé, peut-être responsable de la fonction symbolique[1] précocissime, conjointement à ses parties génitales, à sa naissance très développées aussi, par rapport au reste de son corps marqué de nécessaire assistance prolongée. Il est, avant tout, être de langage, de communication et de créativité.

Comme les autres mammifères, mais beaucoup plus longtemps que toutes les espèces vivantes, il a besoin d'un co-être pré- et postnatal, d'un co-agir, très longtemps subi passivement après sa naissance et sa déambulation autonome. Ses conditions vitales entretenues font la sécurité de son long naître, jusqu'à ce qu'il acquière la capacité de s'assurer à lui-même les conditions de survie. Toute variante de son connu vitalement sécurisant, toute suppression partielle compatible avec la survie excite en lui la recherche et la trouvaille indispensable d'un substitut qui, lorsqu'il l'a trouvé, lui apporte plaisir d'un connu retrouvé et nouvelle sécurité à vivre. Ce plaisir le rend dépendant de qui ou de quoi le lui satisfait à l'occasion des variantes dans ses besoins. Le plaisir et sa focalisation se situent aux régions de son corps où les sensations de séparations et de retrouvailles s'effectuent : la réunion de deux parties séparées dont la congruence retrouvée crée plaisir d'être.

La créature vivante qui lui permet de survivre quant à ses besoins substantiels est appréhendée par ses perceptions subtiles olfactives, auditives, gustatives et tactiles, qui deviennent représentation dans sa mémoire de sensations revitalisantes substantielles, éprouvées dans son corps de besoins et qui l'apaisent de son malaise, associant ainsi une perception formelle visuelle et tactile médiatrice des besoins à une perception olfactive et auditive, liées ou non; il découvre la différence entre les besoins vitaux pour le corps et le plaisir psychoaffectif qui s'y festonne à l'origine, mais qui se distingue en désir, de n'être pas sujet à l'apaisement par un fonctionnement d'apport ou de déport du tube digestif.

Ainsi marche la fonction symbolique. Elle nous fait comprendre la dépendance à l'égard des parents naturels ou substitutifs et leur rôle informateur créatif du plaisir qui festonne de variances signifiantes, ce qui, par le besoin, entretient la survie et le déroulement dans le temps et l'espace du programme biologique contenu dans l'œuf fécondé d'un être humain. Ce rôle est joué par les êtres tutélaires à l'époque d'impuissance à survivre seul de l'être humain.

C'est la fonction symbolique qui est responsable de ce qui est particulier à chaque être humain selon les modalités impressives de toutes sortes qui accompagnent sa survie et sa croissance, jusqu'à la maturation achevée de son système nerveux (dix-huit à vingt-cinq mois) et à l'involution relative des proportions de ses génitoires par rapport au reste de son corps squeletto-musculaire. [...]

La fonction symbolique, à l'œuvre sans discontinuer dans le petit d'homme (incapable de survivre solitaire), explique aussi que les séparations répétées de son espace de sécurité (sans la présence nidante et corps à corps et sans la retrouvaille olfactive, auditive de sa mère, comme signifiante de sa continuité) lui font congruer entre elles des perceptions viscérales avec des perceptions substantielles (sans lesquelles il ne survivrait pas), et constituer ainsi un auto-langage refermé sur ses sensations élémentaires d'une communication avec des modalités fonctionnelles de son corps à la seule écoute de lui-même et de signaux concernant ce qui dans l'environnement touche à ses besoins.

Cela entraîne des troubles graves de la communication qui peuvent aller jusqu'à l'autisme[2], psychose hélas fréquente maintenant, où des enfants bien portants physiquement, par absence prolongée de leur mère, seule connue d'eux avant leur séparation d'avec elle, ou par des séparations répétées, des changements successifs de nourrices ou des déménagements et des séjours hospitaliers prolongés, se referment et régressent du fait de la fonction symbolique toujours à l'œuvre, sans éléments langagiers assurant la médiation de leur passé au présent. Ils deviennent absolument incapables à vie de communication – mimique, gestuelle ou langagière – avec le monde extérieur et sans plus rechercher quoi ou qui complémenterait un désir ayant régressé au niveau de congruence aux seules sensations de leur corps, qui n'est en sécurité en aucune compagnie humaine.

Sur les avenues du langage conjugué à la connaissance et à la reconnaissance de soi et de l'autre élu comme co-être de plaisir, comme objet du désir qui languit de lui quand son absence suscite sa recherche et promeut la découverte d'objets partiels visuels, auditifs, tactiles – signes de présence communicante substantielle ou d'objets formels tactiles – tétine pour la bouche, tissus ou joujoux pour les mains sont supports de présentification de l'autre dans le temps et l'espace, l'autre momentanément absent dont ces objets sont un avoir coexistentiel de sécurité dans la solitude du bébé séparé de l'être tutélaire qu'il connaît, et représentants de communication subtile (quoique leurrée).

Le petit d'homme, pendant une enfance très longue par rapport aux autres mammifères, dépend de la nourriture, des soins, de la tutelle, de la médiation d'une créature vivante qui l'alimente et donne à son corps chaleur et protection ; il lui faut des parents naturels ou substituts. En l'absence de provende et de protection prolongée, il périt ou stagne sans se développer.

L'espace investi par leur présence devient celui où il se reconnaît ; leur absence prolongée, même dans cet espace connu, crée chez lui, quand même y reçoit-il les soins nécessaires, des troubles dans son développement intellectuel et affectif. C'est pour lui la solitude décréative. [...]

Leur absence prolongée le voue à une solitude totalement impuissante et même au dérèglement psychosomatique – destin unique parmi les créatures mammifères et auquel peut-être il doit la puissance de son désir salvateur, la prédominance associée à sa mémoire et à son imagination vitale de sa fonction symbolique. Son impuissance même, soutenue par ses parents, ses premiers autres, suscite sa puissance imaginaire et idéatoire et la plurivalence stupéfiante de son inventivité de moyens de lutte pour communiquer avec les autres à travers les séparations. Ce destin dont son intelligence a su marquer pour soutenir sans s'y soumettre son instinct grégaire par l'interdit de l'inceste, a su ainsi encore renforcer son angoisse à désirer sexuellement ce qui lui est interdit et à sublimer[3] en amour chaste un désir frappé de refoulement, à sublimer le sevrage en vocalisation, son adresse manuelle signifiante de ses besoins, après le portage, la marche debout et la continence sphinctérienne lui faisant faire le deuil du dernier corps à corps utilitaire avec l'adulte tutélaire, au service de l'agressivité d'attaque et de conservation en industrie, au service d'un agir d'abord imitatif puis symbolisé en travail productif, pour le troc et le don, devenus œuvres chastes avec ses familiers, ses alliés, substitution de corps à corps impossibles, d'œuvres de chair hors la loi.

Enfin, le désir sexuel est dans cette espèce interdit d'accomplissement dans la famille d'élevage. Cet interdit dit de l'inceste, après les angoisses dont il s'accompagne, donne la signifiance de valeur sociale majeure et consciente et de responsabilité non seulement à la parole donnée dans le travail et l'échange mais à la procréation, faisant de la paternité et de la filiation un processus de langage dominant sur le processus charnel, et soumettant le désir hors la loi au refoulement qui oblige aux sublimations créatrices d'œuvres tout ce qui dans son activité focalise ses énergies illicites dans le corps à corps directement interdit.

Un œuf de poisson, d'oiseau, de serpent peut survivre longtemps attendant la couvade. L'œuf d'humain comme tous les mammifères ne peut donner l'individu de l'espèce que nidé dans sa mère.

SOLITUDE PREMIÈRE : UNE CASCADE D'INTERDITS

Nouveau-né, il vagit sa pesante détresse, césuré de son placenta, l'insolite séparation des entrailles nidantes de sa mère qui lui fait découvrir un mode de vie nouveau, sa survie dépendant d'abord de cet air commun à toutes les créatures. Menaçante pour sa survie, la solitude ne lâchera plus cet homme, cette femme, pour la première fois séparés après neuf mois de covivance accordée à leur mère, que ravit ce cri de solitude première, ce cri de besoin d'elle, ce cri de vie qui pour elle est le premier langage de son nourrisson. [...]

La mère devient mère par la présence de l'enfant et, grâce aux engrammes laissés dans son inconscient par sa mère nourrice, elle tend à s'occuper mêmement de lui. Pour lui, elle est la femme, premier autre de l'homme et de la femme, indispensable à sa survie première. Devenue impuissante à garantir la survie au sein et la croissance de son enfant, ceci impose une seconde séparation – le sevrage d'elle comme nourriture, lien nécessaire encore aux soins de ses besoins. La croissance et la maturation neuro-musculaire stimulent les petits d'hommes à s'exercer dans l'espace et à se mouvoir, séparés de la tutelle, à se risquer à l'imitation des aînés et des parents, reptation, quatre pattes puis debout, découvrant la marche autonome dans l'espace plan et les dénivellations acrobates, et rêvant d'égaler la puissance et la désirance conjuguées des aînés et des adultes tutélaires.

Notre définition sexuée au masculin et au féminin interdit la puissance de nos désirs à satisfaire cette double identification. La fille en son sexe est soumise à recevoir, le garçon à pénétrer. Leurs désirs dès lors se démarquent et la séparation du corps à corps qu'interdit l'inceste décide alors du sentiment d'angoissante solitude, sans plus de recours au corps à corps, devenu inquiétant à cause du désir qui s'éveille à la conjonction des sexes opposés ; à l'envi des modèles aimés du couple parental se heurte la loi qui interdit au fils sa mère et ses sœurs, à la fille son père et ses frères.

Cette mutation des options du désir, que la croissance focalise au sexe, introduit la nécessaire métamorphose psychique ancrée dans l'angoisse dite de castration au cœur de tous les humains. Dans l'imaginaire des enfants, elle marque le désir d'autant plus de valeur que, pour le soutenir, le sujet doit y risquer un danger peut-être vital dont ni père ni mère ne peuvent plus le protéger, devenus dans son imagination tous deux différemment incompréhensifs et dangereux. Les engendrés projettent sur l'adulte leurs sentiments contradictoires (que parfois ces adultes éprouvent), dans la réalité rivaux et jaloux des succès et des privautés sensuelles que leurs enfants trouvent hors de la famille et qui les dépossèdent, eux, parents, de leur enfant dérobé à leur totale possession, à leur seule influence.

L'ombilic marquant l'interdit du corps à corps viscéral (l'abdomen), le visage est devenu lieu de langage et ses issues lieux d'expression du désir. Le sevrage marquant l'interdit du corps à corps nutritif, les mains et la motricité continuent d'être lieux de lien tactile et complicité tendre de corps à corps, tandis que le langage est médiateur codé des désirs et besoins de l'enfant et lui ouvre la communication sociale encore réduite aux familiers.

La coupure ombilicale est cicatrice indélébile de sa première blessure. Puis, c'est le corps à corps à sa mère, par la bouche et le sein tous deux confondus, dont il lui faut au sevrage se séparer, privant ses lèvres et ses mains pelotantes de la gorge de sa mère, qui lui interdit ce qu'il croyait son dû. Assoiffé de ce qui lui manque que son corps croit sien et qui reste en possession d'elle, c'est en fuyant l'épreuve de sa solitude, à la recherche de communication avec elle éloignée de lui qu'il invente en son absence les vocalisations illusoires du parler maternel, les manipulations de menus objets laissés par elle, dans son berceau, médiations premières de langage vocal et gestuel, non seulement avec elle mais avec toutes les autres personnes, grâce auxquelles l'épreuve du sevrage est surmontée par le langage, tandis que la faim, autrement apaisée que par le sein ou le biberon, lui fait, par le goût et l'odeur des choses bonnes et variées, oublier sa bouche de lait et sa conjonction au téton.

Vient ensuite, avec la marche, la déambulation autonome, la continence sphinctérienne, la séparation du corps à corps, des bras et des mains d'autrui qui jusque-là s'adjoignaient imaginairement à ses maladresses et à ses impuissances, et son corps doit alors accepter à se réduire aux limites de ses téguments, au pouvoir de sa seule activité motrice, déambulatoire et manipulatrice. Pour ses besoins, comme pour ses désirs, c'est à sa fonction symbolique qu'il est tenu de recourir pour communiquer avec les autres.

Toute suppression d'un co-être ou d'un co-agir connu, grâce auquel le bébé est en sécurité, excite son désir à y trouver un substitut dont la valeur plaisir l'initie par le leurre de cette substitution réussie. Mais deux voies s'ouvrent au désir, à la réévocation mémorisée d'une communication avec la mère retrouvée. Ainsi en est-il du désir oral du pouce à sucer, quand la mère est absente, mais aussi des cris qui la font revenir, des vocalisations qui donnent aux oreilles d'un bébé l'illusion de lui parler. Si le nourrisson est capable de trouver le plaisir de gorge de vocaliser avec la mère restée présente, il acquiert le langage, substitution symbolique ; mais la solitude douloureuse, ajoutée au sevrage, peut lui faire trouver un substitut à la perception dans sa bouche du corps à corps perdu qui lui permet de s'imaginer au sein et meuble sa solitude d'une présence illusoire.

Voici les deux voies de substitution : l'une, *symbolique*, passe par des médiations issues du corps, ses perceptions subtiles associées et, par un circuit long, ouvre les voies de la communication à distance avec le premier autre dont le corps à corps a cessé, ce qui satisfait, en l'enrichissant, l'individu solitaire, mais en outre avec les autres de cet autre et de proche en proche avec tous les êtres humains ; l'autre, *fétichique*, soutenue par l'imaginaire du passé, ferme les voies de la communication au désir qui se satisfait par un circuit court, ou une partie distale de son corps (le pouce sucé par exemple) ou un objet partiel toujours semblable, comme la sucette, obture le lieu du désir, qui ne s'éveille pas à des médiations différenciées.

À chaque progrès de son développement correspondent, pour un être humain, des pouvoirs nouveaux, qu'il a engrammés en mémoire auprès des adultes, à supporter une perte de communication au corps et à trouver des substituts soit *symboliques* soit *fétichiques* et *imaginaires*, au désir interdit qui subit le refoulement de la première modalité de plaisir au lieu perceptif de son corps, mais qui exige de s'accomplir pour que l'organo-psychisme reste en équilibre.

Si le substitut trouvé peut servir à médiatiser une communication avec l'autre connu, autant ou encore plus agréable que le corps à corps précédent dont il est privé, ce substitut symbolique ouvre la communication avec tous les autres associés à la présence tutélaire première. Si le substitut du corps à corps enfant-adulte est imaginaire et dépend d'un objet fixe toujours semblable, il devient « fétiche », leurre imaginaire sans valeur symbolique pour autrui, ni à perceptions de plaisir plus riches ni pouvoir de communication à d'autres plus étendue ; cela devient un substitut imaginaire pour l'individu qui arrête les potentialités du développement de son agir. Solitaire, la fonction symbolique toujours présente, le réseau de communication ne se développe plus avec les semblables, et peut donner valeur d'illusoire rencontre aux perceptions du corps même du sujet, sans passer par des médiations de langage qui en permettraient la communication modulée de façon signifiante. Illusoires mises à distance de la détresse de solitude que sont suçage de pouce, ongles rongés, rumination mentale, masturbation.

La solitude devient ainsi un refuge leurrant de la présence d'un autre aimé, en même temps qu'un danger de dévitalisation psychique. Chez l'être humain, le corps propre imaginairement fétichisé se tient lieu illusoire des autres dans une communication autre que par le cri ou le silence qui ne sont plus signifiants. Il en est de même des gestes compulsifs[4] qui n'ont pas de signification compréhensible pour autrui, tension qui s'exprime à un rythme plus ou moins rapide sans rien « dire », car celui qui répète toujours le même geste répète un substitut de co-présence de plaisir qu'il se remémore fétichiquement, meublant ainsi la détresse de sa solitude. [...]

DÉSIR [5], SOLITAIRE

Solitude, toi qui au cours de ce vivre es si souvent le piège qui fait se rédupliquer les liens qui nous enchaînent à l'écoute amplifiée de l'éprouvé, variante dans la chair, dans ce corps, cette chose qui nous possède dans son pesant et que, sur terre, occupant son espace à elle attaché, nous croyons être nous-même et qu'âprement nous chérissons, nous défendons, réabsorbant dans le souvenir de ses besoins apaisés, de ses plaisirs cherchés, le désir qui le meut, le désir qui, lui, n'est pas du corps et ne trouve aucune chose qui puisse l'apaiser.

Solitude du vivre pour les créatures humaines, êtres de langage qui, au-delà de leur individu, chose-corps de besoin, les fait exister autrement que grégaires, par l'échange, l'attrait les uns pour les autres, la souffrance et la joie de leurs retrouvailles, créatrice du sens à leur désir par-delà leurs épreuves de séparation; solitude, de l'enfance au grand âge, tu es piège pour leur désir, lorsque se redupliquant sur le ressenti de leur corps satisfait dans son imaginaire et fuyant les échecs, ils se laissent prendre à ta séduction délétère jusqu'à refuser ces autres avec lesquels, pour lesquels et par lesquels leur native faiblesse peut seule se transfigurer en puissance créative.

Enfant, assoiffé de ce qui manque à son corps, tu attises sa bouche à rechercher apaisement de sa chair dans ce que, pour sa soif, un autre en son corps détient. Impuissant à se mouvoir, ce sont bras et jambes siens imaginés qui l'initient à l'espace apprivoisé. Son être en son corps impuissant en appelle à cet autre tutélaire, à l'image duquel sa lente croissance lui permet d'advenir en se leurrant d'une conjonction dont le refus dans le corps à corps est pour lui partition imaginaire, mutilatrice d'un plaisir qu'il revendique comme un dû, que la loi des hommes par le langage marque d'interdit à s'accomplir du désir incestueux. C'est l'amour dans la communication trouvée par-delà le temps et l'espace qui sépare son corps du corps des autres.

Situation d'un enfant de cinq à sept ans, (résolution de l'Œdipe) qui a admis, au détriment de son plaisir, que son père lui interdit le jouir sensuel et sexuel de sa mère et pour une fille celui de son père. Il comprend la chose ainsi, le plus souvent, puisque ni les parents ni l'école ne verbalisent l'interdit de l'inceste. Même de nos jours où pourtant c'est à la mode de tout verbaliser aux enfants du coït et de la biologie sexuelle.

L'enfant a à découvrir la contradiction entre ce que les adultes disent et ce qu'ils font, la différence irréductible entre les êtres humains, tant en jugement qu'en intérêts, en sentiments, et que, face à chacun de ses parents, qui affichent des opinions contradictoires, il n'est pas tenu de penser qu'ils ont ou raison ou tort, ou de se croire coupable parce qu'à son propos ses parents se disputent.

C'est que l'enfant a, dans la réalité, à découvrir et à reconnaître, ignorant ou plutôt ayant refoulé le désir œdipien, que les adultes ne sont menés la plupart du temps que par leurs sentiments et leurs désirs de pouvoirs les uns sur les autres.

L'enfant, lui, pense en valeur « absolue » et se pose constamment à lui le problème de la crédibilité du dire et du faire, de la fiabilité d'autrui, surtout celle des adultes. [...]

Un enfant souffre dans ses rapports avec un de ses parents d'un dire contradictoire à un dire précédent, de même pour un comportement de toute « grande personne » à son égard différente selon qu'il y a des témoins présents ou pas.

De toute façon, il est stupéfait et surtout, s'il a à souffrir, déçu et malheureux. S'il ne peut pas exprimer ce qu'il ressent, il fuit dans son monde imaginaire et risque de vivre en marge de la communication.

Les enfants s'expriment en termes de tort ou de raison, de reproches ou de dénégation totale de la personne adulte dont ils ont ainsi à souffrir ; ils perdent confiance en elle. Si c'est un de ses parents, l'enfant est pris dans un conflit de perte de confiance en lui-même, sauf s'il peut s'exprimer et être entendu et qu'il lui soit délivré par cet adulte, non seulement son droit mais son devoir à l'égard de lui-même de se faire son propre jugement, lequel se rapporte toujours, pour chacun de nous, aussi bien adulte qu'enfant, à notre désir prévalent sur les autres. C'est le dépassement des conflits dans un agir dont chacun a à prendre la responsabilité, dans l'amour qui se fait tolérant à ceux que nous aimons sans pour cela nous identifier à eux, qui fait pour chacun la conquête difficile de son identité.

Les enfants sont parfois motivés par un désir très sain de promotion dans des initiatives qui, parce qu'ils sont encore sans expérience, peuvent leur être nuisibles ou nuisibles à d'autres. Blâmer l'enfant du résultat qui déjà le vexe ou le chagrine peut lui faire croire que son intention était mauvaise et lui faire totalement perdre confiance en lui-même. Il devient coupable de son désir, alors qu'il n'a été que maladroit ou désobéissant, par désir de prendre une initiative en présumant de ses capacités. L'adulte, en jugeant l'enfant sur des actes seulement, au lieu de susciter une communication du désir préalable à l'acte, peut faire croire à l'enfant qu'il est « mauvais »[6], sans plus l'aider à réfléchir sur l'expérience d'une inadéquation de la réalité au projet qui l'avait motivé.

Quant à l'agressivité de l'adulte (due à son angoisse, ce que l'enfant ignore), comme l'enfant est en sa dépendance, il est obligé de la subir, mais c'est un grand dommage pour son intelligence s'il en arrive à penser que l'adulte a « raison », alors que l'adulte a « ses raisons » qui sont rarement explicitées à l'enfant, bien qu'il soit tout à fait capable de les comprendre.

La solitude (parfois détresse d'un être humain enfant) et la communication (demeure impossible parfois de prochaines rencontres, répondant aux souvenirs des anciennes qu'il garde dans sa mémoire), ce sont elles qui humanisent l'espace qui l'entoure et celui qui le sépare des autres, où son agir, manuel ou intellectuel, productif ou inventif, ordonné par sa pensée des autres anime à l'avance son faire du plaisir de prochaines rencontres d'échange et de communication.

Solitude, insipide compagnie, neutre et sans visage, toi qui inities nos mains à leur vide, nos actes à leur lassante répétition, tu te fais parfois, par l'ennui que tu distilles, le désœuvrement, la souffrance indicible, un danger. C'est grâce à toi peut-être que nous éloignons de nous l'attention au plus infime leurre de notre désir qui s'ignore appel à d'autres, invisibles de nous, dont ton étreinte nous isole.

Oh ! surprise, d'autres parfois accourent à nos cris apeurés, repeuplant notre désert avec toi devenue notre présent, d'autres parfois répondent, réorientant nos pas qui s'enlisaient en toi. D'autres rencontrés – minéraux, végétaux, animaux – nous questionnent ; d'autres aussi, dont il nous faut nous défendre. D'autres parlants, semblables ou dissemblables, avec qui jouer, avec qui commercer, avec qui ensemble travailler, ensemble devenir ; d'autres qui, tous, chacun à sa façon, nous délivrent de toi, minable solitude, et du même coup de nous-mêmes, avec toi misérables.

C'est toi aussi, Solitude, quand leurs maisons sont pleines de leur avoir conquis, leurs espaces remplis de leur faire produit, c'est toi qui révèles aux hommes l'absurdité de leurs plaisirs, au meilleur de leur quotidien devenu monotone.

Toi, mêlée à toutes les choses auxquelles l'homme s'attache quand elles ne recèlent plus pour lui qu'elles-mêmes, jumelles de ses sens, pour lui, à leur emprise à son tour devenu chose, c'est toi qui deviens, mêlée à elles, aiguillon à fuir. C'est toi qui lui fais par ces choses pour le corps conquises, par le corps amassées, s'en servir de tremplin, risquer son désir hors de l'avoir, du faire, répétés, en un saut dans ce qu'il croit impossible parce que de lui – et peut-être des autres – cet ailleurs, étrange, est inconnu.

Ces autres, se serrant alors ensemble, protégés derrière de prudentes lois implicites ou explicites qui sont à leur désir barrières, qu'en fantasmes seulement ils s'imaginent jouir à passer, sans s'y aventurer, ces autres le laissent à lui-même ; mais même si c'est en solitaire que son désir le mène, solitude chosifiante, son ardeur, tout dans son projet engagé le démet de ton emprise.

Incité par la nécessité de te fuir, conjointe à celle de vivre, il se risque dans l'accomplissement de son dessein, par son inventivité créatrice, libéré des attaches antérieures. Il observe, il découvre, il va et transgresse les limites du savoir que la pensée, s'arrêtant au connu, n'osant ni le contester ni le dépasser, fige. Il est parfois objet de scandale pour ceux qui, sans rien risquer, gardent sécurité du faire toujours répété, du dire en paroles conservatrices bien pensantes.

Lui, dans l'agir nouveau que son désir lui fait inaugurer, s'y découvre autre après la transgression, advenu à un savoir nouveau, exemple s'il réussit.

Pour te fuir aussi, leur désir à l'envi du sien, d'autres alors à l'imiter se risquent à sa suite, dans la voie ainsi par un seul ouverte, et, poignée d'audacieux pour leur temps, se retrouvent ensemble, au-delà du jusque-là possible, au-delà du jusque-là connu, dont la limite a reculé. Ils deviennent les agents de nouveaux progrès, de nouvelles alliances et de nouveaux langages.

Ainsi la science, l'art, la technique, c'est pour te fuir, solitude décréante, que les hommes s'y adonnent, arrachant leur vie à son triste ronron, leitmotiv des prudents avec leurs poncifs écoutés par ceux qui les subissent et qui, passifs, cultivent dans l'agir la répétition où le désir s'enlise dans un mimétisme au besoin et les paroles dans l'écho du passé, ou la répétition de paroles entendues.

Il est tentant, pour ceux-là, de fuir la solitude dans un coude à coude qui les met à l'abri du vide de leur pensée, de l'ennui de leur agir, de l'angoisse de leur désir, eux qui n'arrivent plus dans l'amour à transcender les différences et qui préfèrent les ignorer, tant pour leur tranquillité que pour éviter les responsabilités.

On les voit bêlant en écho des slogans de bouche en bouche repris sans réfléchir et s'agglutiner en groupes chauvins, qui se voudraient le tout, alors qu'ils se nomment fort justement « parti », en référence à un tout qui en diffère. Le sentiment d'appartenir à une masse permet à chacun l'illusion de la sécurité, comme dans son enfance, lorsqu'il était porté par sa mère et soumis à elle par fatale dépendance.

Grises sont les périodes de l'humanité où la pensée et l'imagination subissent ainsi l'étouffement du désir par soumission aux besoins du corps qui l'y font se confondre ou en être complices prudents, où la liberté n'est pas donnée à la pensée et à l'agir pour communiquer témoignage des différences qui, de chaque être humain, font la valeur de son irréductible identité à lui-même.

Grises sont les sociétés qui confondent sagesse et vertu avec une demi-somnolence, où c'est péché que prier, péché que désirer de réveiller l'homme, et où, pour éviter ce réveil, tout est fait pour le préserver de souffrir de la solitude où pourrait se ressourcer son désir ; mais tout est fait aussi pour qu'il ne puisse trouver ni rencontre ni communication, collectivement embrigadé dans l'abrutissement turpide du travail alimentaire et de slogans bruyants remplaçant la pensée, de rythmes imposés à son agir totalement aliéné au service d'une collectivité aussi aveugle et somnolente que lui et qui est devenue son abri mortifère physiquement sécurisant.

Malheur aux marginaux qui, au risque de se tromper, veulent garder autonomie et personnelle responsabilité d'agir en réfléchissant, en aimant et en travaillant, pour un but que la masse méprise.

Ceux qui détiennent le pouvoir sur cette masse et pour laquelle ils prennent valeur de père archaïque tout sachant, lancent l'anathème sur ces marginaux, dont le désir solitairement assumé honore l'humanité plus que ne le fait chacun des moutons du troupeau, freinant les jeunes qu'ils risqueraient d'entraîner à leur suite par des discours séducteurs ou des menées punitives, leur faisant miroiter valeur de vertu à l'instinct grégaire qui leurre l'être humain de sécurité animale. Car l'homme, depuis le jour de sa naissance et ses cris d'allégeance au monde, dans un corps pour la première fois seul et démuni, a reçu d'un autre corps, pour son corps réconforté, preuve d'existence.

Mais c'est la réponse à ses appels, son appel à cette présence, à nulle autre pareille, sa mère qui, avec celui-là l'aime, parce qu'il est lui, ce qui fait de lui un être à nul autre confondable, comme eux pour lui, devenu qu'il est par son nom avec tendresse prononcé, sujet de désir et non plus objet de besoins et de corps à corps anonymes.

Créé au jour le jour, par langage signifiant d'amour à sa personne, en tant que différente de toutes les autres pour ceux qui l'aiment, il peut, par intimidation et détresse, perdre cette signifiance de sujet et, tout en répondant aux phonèmes de son nom quand il est prononcé sans respect ni amour, perdre cette identité d'amour si, pour survivre, il y est obligé.

Son corps a peur de souffrir, a peur de manquer. Ce qui reste en lui de l'instinct grégaire, semblable dans l'espèce humaine à celui des animaux, peut lui faire redouter la solitude où il serait rejeté si la masse dominante, ayant pris force de loi, pervertit son désir à se confondre avec la seule défense qu'on appelle légitime, qui est celle de son corps menacé dans son existence physique.

Ainsi ravalé au niveau d'un animal dressé, craintivement soumis à son maître, il se satisfait de plaisirs quand il peut les trouver, mais ignore la joie qui n'existe pas sans liberté de penser, d'agir et de communiquer. Il est déserté par l'honneur d'homme pour qui foi et espérance dans un ailleurs, un autrement vivre, doivent laisser ouvertes les questions auxquelles personne ne peut se targuer d'avoir la réponse – et jamais de réponse univoque –, personne n'ayant le droit d'interdire à aucun autre d'y consacrer son désir, ou d'en rencontrer d'autres pour communiquer ce qui, dans ses pensées, dans son agir créatif, est l'expression de sa recherche.

Si le respect de leur enfant que les parents humains ont introduit au monde langagier des valeurs (les leurs) par leur possessivité et l'abusif exercice répressif des initiatives du jeune, que son désir l'appelle à assumer librement dans ses pensées et ses actes, combien plus encore, dans la société, ce respect de chacun doit être le souci des chefs que toute société se doit de choisir, pour qu'à partir de sa nubilité, tout citoyen soit en droit et même en devoir (s'il ne nuit pas physiquement à un autre) d'exprimer tout ce qui fait l'originalité irréductible de chaque être humain, semblable aux autres en tant que spécimen physiologique de l'espèce, mais différent de tous les autres dans son insertion au langage, en tant que sujet de son histoire et conflit vivant de désirs que lui seul peut décider de résoudre dans ses paroles, ses actes et ses œuvres, dans une liberté d'expression que la loi doit reconnaître à tous et n'user de son pouvoir que pour défendre l'exercice de cette liberté, laissant à chacun le temps et le moyen (équipements sociaux, espaces libres et ateliers ouverts à tous aux heures de liberté que doit laisser le travail alimentaire), pour que ce « contrat social » puisse être autre chose que des mots sur du papier, ou encore que cette « liberté » ne soit accordée qu'aux « passifs », comme c'est le cas lorsque la télé ou la radio sont les seuls passe-temps proposés à tous, et que les « actifs » ou ceux qui veulent en rencontrer d'autres n'ont que la rue ou le café.

Lorsqu'il échoue, sa solitude est grande ; c'est d'en souffrir qu'il occupe son isolement à s'imaginer en compagnie, à se remémorer les habitus langagiers de ses familiers et que son désir s'exerce à leurs imitations, développant ainsi toutes ses potentialités à l'envi des puissants qui l'entourent.

L'épreuve du miroir[7], pour chacun de nous, la première fois, nous a montré réduit aux dimensions d'enfant, au visage étranger, présence au monde que, jusque-là, nous croyions semblable à celle des valeureux aînés que nous admirions.

Puis, quand vient la conscience claire du sexe et que l'enfant se sent attiré par ses premiers élus, parents et fratrie, détenteurs de ce qu'il n'a pas et qu'il désire connaître, avec qui son désir l'incite au corps à corps, c'est sa solitude qui noue le drame de sa castration. À jamais séparé de qui l'a initié au désir, il est, au sexe, marqué invisiblement par l'interdit de son bon droit incestueux sur sa mère ou son père, ses frères et sœurs où s'enracine son individuation licitement désirante.

Son désir bafoué marque alors son sexe de la loi qui sépare à jamais l'imaginaire de la réalité, lui interdit dans le corps à corps hors la loi, la même loi à laquelle ces adultes enviés, qu'il croyait faire la loi, sont, tout autant que lui, soumis quant à leur désir, dans son accomplissement incestueux.

L'identification aux géniteurs demeure, mais initie à la loi. « Papa n'est pas le père de maman et maman n'est pas la mère de papa. Papa ne s'est pas marié avec sa mère ni sa sœur, pas plus que maman avec son père ni son frère. »

Au moment de la castration œdipienne, entre cinq et sept ans, l'enfant subit la chute de sa première denture, épreuve aussi, transformation transitoirement mutilatrice qui confirme son statut d'enfant semblable dans son cursus de développement physique à tous ceux de son âge, comme l'ont été ses parents au même âge que lui.

C'est aussi le moment où les proportions des

génitoires sont réduites par rapport à celles du corps et le resteront jusqu'à la puberté, ce qui facilite dans l'espèce humaine le renoncement au désir sexuel pendant cette période de grande enfance qui précède la nubilité, et où la plupart des acquisitions culturelles, l'habileté corporelle et manuelle, l'intelligence peuvent développer leurs potentialités selon le plaisir que l'enfant y trouve.

L'agir de l'enfant est ainsi marqué au moment de son désir génital par la loi qui impose le renoncement au corps à corps entre géniteurs et engendrés, et entre engendrés de mêmes géniteurs, et rend hors la loi le plaisir que, dans ses fantasmes masturbatoires solitaires, l'enfant espérait obtenir de sa réussite séductrice.

De sa mise hors la loi dans la réalité, la psychanalyse a montré que le désir subissait un refoulement qui faisait devenir inconscient, mais pas non agissant – et surtout dans l'imaginaire –, ce qui, au cours du développement de l'enfant, avait déjà subi des « catastrophes », c'est-à-dire des répressions dans le désir imaginaire à l'époque néonatale, orale et anale, ce qui en avait obligé les pulsions autant passives qu'actives, et menacé l'enfant de la solitude par les séparations d'avec la mère (part imaginaire en son corps du corps de l'enfant), dont il a été séparé par le sevrage, la continence sphinctérienne et le refus de l'auxiliariat moteur de l'adulte tutélaire. Toutes ces pulsions archaïques, dont certaines avaient trouvé communication et accomplissement à plaisir partagé (inconsciemment incestueux) avec les adultes tutélaires, et engagé l'enfant dans la voie des acquisitions symboliques, sont à nouveau remises en mouvement au moment de la castration œdipienne, c'est-à-dire génitale, et de l'interdit du corps à corps incestueux.

Il régresse imaginairement, et parfois dans des comportements dans la réalité vis-à-vis des proches, aux plaisirs érotiques passifs et actifs, masochiques et sadiques, qui sont les pièges de son narcissisme, tant dans la solitude de ses fantasmes que dans la communication compulsive, obsessionnelle, phobique et hystérique avec autrui.

La maîtrise de ce désespéré, qui défend la légitimité de son bon droit à rester dans un monde puéril, soumis ou révolté contre ce qu'il croit être une mutilation injuste de tous ses désirs, est le propre de l'éducation à cet âge, lorsque le père et la mère lui délivrent la révélation de leur commune soumission à la loi qui le frappe, en même temps qu'ils l'introduisent à la fréquentation de la société pour y trouver, hors inceste, le plaisir à ses désirs dans le jeu, les échanges, les amitiés et toutes les activités de maîtrise musculaires et culturelles qu'à l'envi des autres ses moyens lui permettent.

La crise œdipienne n'est pas rien et la façon dont l'enfant la résout marque toute la vie psychique, physique et caractérielle des humains qui peuvent rester frappés toute leur vie d'une dialectique de culpabilité du désir imaginaire, demeurant dans la rivalité jalouse et la revendication révoltée, compliquée de sentiments d'infériorité névrotique, au lieu d'acquérir un sentiment de liberté et de responsabilité d'eux-mêmes dans la communication et les acquisitions de pouvoirs culturels et de maîtrise qui sont des sublimations du désir dévorateur, meurtrier ou incestueux.

Tout ce qui du désir, au jour le jour, anime ce garçon ou cette fille de sept ans, du fait du refoulement qui interdit le désir et le plaisir en ce qu'il a d'interdit par la loi, la même pour tous, provoque une tension psychique qui stimule l'enfant, qui y est encouragé à accomplir son désir par la voie symbolique – le langage, le jeu, le travail – où des succès remportés ouvrent à son avidité de savoir et de créativité une communication de plus en plus riche avec les autres, dans la coopération et la combativité sociales dans la vie sociale et de loisirs.

Mais l'enfant est encore inexpérimenté en société et sa fragilité devant des blessures narcissiques dues à son infériorité vraie, source d'échec, nécessite des adultes tutélaires qu'ils sachent soutenir la confiance de l'enfant en lui-même. La culpabilisation des échecs par des parents plus désireux que l'enfant lui-même, tout autant que leur surprotection peuvent rédupliquer le désir œdipien, si « faire plaisir » à ses parents le remet en position d'érotiser sa relation à eux, de même que leur faire de la peine.

La crise œdipienne de chaque enfant est un piège pour le désir incestueux inconscient et non castré des géniteurs vis-à-vis de leurs engendrés. Les enfants perçoivent la détresse émotionnelle de leurs parents qui veulent continuer à les posséder comme objets de plaisir (ou de douleur) narcissique, c'est-à-dire comme objets érotiques.

La crise œdipienne de l'enfant se résout d'autant mieux que ses adultes tutélaires parentaux, exemple l'un et l'autre de valeur en société, sont au foyer, dans leur vie affective, liés par un amour réciproque et une entente indubitable, qui ne peut pas être troublée par les paroles, ni les comportements de leur enfant.

L'enfant de parents désunis ou insatisfaits sexuels est lui, décréatif, réduit à la solitude, ou consolateur de l'abandonné, père ou mère, ce qui pervertit son désir d'un retour à l'ambiguïté d'un amour incestueux, infantile, passif ou agressif.

Toutes les acquisitions et les succès d'un enfant en période post-œdipienne ne sont des sublimations de ses désirs que dans la mesure où, les exerçant ailleurs que dans le milieu familial, avec d'autres personnes qui ne sont pas pour ses fantasmes sexuels imaginaires interdites comme incestueuses, sa réussite ne risque pas, en se et en leur faisant « plaisir », de le remettre dans le piège incestueux.

Quand l'enfant a résolu l'Œdipe, comme on dit en psychanalyse, sa vie de camaraderie et d'amitié, surtout avec des enfants du même sexe, est riche, non sans émotions sexuelles et amoureuses avec des amis de l'autre sexe, en général plus âgés que lui.

Il développe pour son plaisir non plus son identification à ses parents, mais la conquête de son identité, tout à des occupations industrieuses et ludiques librement choisies, où sa ténacité, son ardeur à réussir sont meilleur signe de santé générale que son intérêt pour la scolarité ou pour la lecture. Celles-ci sont souvent refuge de solitaires peu libres de rechercher un plaisir formateur authentique, tant dans la solitude assumée et riche de réflexions, de recherche, d'inventivité que dans la communication enthousiaste et l'excitation à gagner et à faire gagner le clan avec lequel l'enfant s'est associé par affinité spontanée. Ce n'est possible que s'il se sent dégagé des problèmes familiaux et des appels à la raison, aux devoirs et aux leçons qu'on préfère bâcler, au rappel des horaires, dont les parents qu'on écoute distraitement veulent inculquer l'importance, tout comme l'hygiène rigoureuse, l'épargne des vêtements, ou l'ordre : toutes « habitudes » qui, telles, sont insipides mais qui peu à peu s'installent vers la prépuberté, par simple déduction de commodité ou par lest laissé à ces éducateurs ou parents s'ils sont exigeants, afin de mieux s'en débarrasser – parce qu'on les aime bien et qu'ainsi ils gâchent moins les plaisirs qu'on se choisit. C'est peut-être aussi parce que l'ambiance créée par les adultes au foyer fait partie de la nature des choses qui avec le temps imprègnent un modus vivendi assez tolérant pour qu'on l'accepte.

Ainsi l'enfant qui a résolu la crise œdipienne éprouve-t-il un sentiment tranquille de la valeur de sa personne et a-t-il l'esprit ouvert pour le plaisir qu'il trouve et qui structure au jour le jour son identité et sa personnalité en société. Son vivre, au jour le jour, associe son savoir à sa productivité et à sa créativité dans des projets qui soutiennent ses efforts dans la réalité, tandis que l'aventure et l'imagination occupent ses pensées au gré des événements du jour qui le questionnent, des histoires qu'il lit, des films qu'il voit, où, à peu de frais, il s'y voit jouer un rôle plus ou moins valeureux selon son tempérament.

Tout se passe sans complications caractérielles, pour peu que le milieu tutélaire, confiant en lui, mais le contrôlant, lui montre une affection véritable, l'aidant à développer ses qualités de fond sans lui rabâcher ses défauts, l'encourageant dans les moments où il doute un peu de lui-même devant ses échecs ou ses épreuves en amitié, en maladresse, et lui laisse prendre de plus en plus d'initiatives promotionnantes tant au foyer qu'en société.

Garçon comme fille, il attend avec confiance en la vie et en lui-même les promesses de sa croissance, fait des projets d'avenir, vagues ou précis, au gré des modèles rencontrés dans les aînés valeureux. Mais il reste toujours sensible à tout ce qui pourrait atteindre l'image de ses parents dans les dires qu'il entend sur eux en société, personnellement blessé lorsqu'il les entend critiquer, souffrant lorsque leur agir ne lui semble pas exemplaire. Confiant en eux, il les aime comme ils sont, ignorant d'autre amour que chaste, il est troublé jusqu'à la stupéfaction par ce qui dérange son ignorance réelle, due au refoulement, quant au désir sexuel, bien que ses jeux qu'il ignore « sexuels » soient pour lui secrets d'enfants dans leurs excitantes privautés amusées, contradictoires à sa pudeur pointilleuse en d'autres circonstances.

Il méconnaît le rôle du désir et des passions dans le comportement des adultes qu'il s'évertue à croire mus par la raison. Lui-même méconnaît le rôle du sexe comme tel dans ses attirances et ses hostilités. S'il pense à l'avenir, s'il aime, il rêve en termes de vie de couple, en parlant d'épousailles et d'enfants qu'il aura ou n'aura pas, garçon ou fille, selon son bon plaisir, le conjoint putatif jouant le rôle de comparse docile, plaisir imaginaire qui n'assombrit aucune des réalités qui l'entourent.

CES DÉSIRANTS DISPARUS, ÉTREINTS DE SOLITUDE...

La solitude, souffrance née des séparations inévitables qui font de l'individu par son corps, dans l'espace et dans le temps – « ses limites tactiles » –, une créature unique est aussi le sentiment qui permet aux individus humains d'établir par le langage des liens subtils[8] par-delà l'espace et par-delà le temps. La fonction symbolique de l'être humain y puise l'aiguillon de son inventivité créatrice, tout de besoins et de désirs en liens de langage dont la communication se transmet au-delà de leurs limites sensorielles.

Le sentiment aigu de sa solitude, né du désir interdit, immédiatement impossible, excite la créature humaine à communiquer ce désir en temporisant son ardeur, son trop-plein de vivre et ainsi de créer, à défaut de procréer. C'est ce désir, lorsqu'il lui est interdit de s'exprimer dans le circuit court du corps directement au corps d'un autre, qui délivre à l'homme la capacité de s'exprimer dans le travail pour la coopération et le partage de ses fruits avec les autres, pour le troc intéressé d'avoir et de pouvoir, mais aussi pour le pur don d'amour.

C'est ce désir qui donne aux arts et aux sciences leur vigueur, ces arts et ces sciences qui sont l'honneur et le prestige des civilisations, le témoignage et le don muet d'amour, par-delà le temps qui les a engloutis dans leur mort, des individus des temps révolus et des civilisations passées. Nous recevons de ces désirants disparus, messagers du réel, en leur temps inconscients de l'être, qui ont su faire œuvre d'amour dans le langage qu'ils nous ont transmis, dans le matériau qu'ils ont marqué de leur volonté de survivre jusqu'à nous, les créations de leur désir à la rencontre du nôtre, nous incitant à notre tour à transmettre par notre travail les fruits du nôtre, étreints par la solitude que nous sommes tous. Ce désir nous incite à nous associer avec ceux dont nous sommes séparés dans l'espace et à laisser après nous le témoignage de nos œuvres aux générations qui suivront.

Mais la solitude peut aussi rendre le désir interdit d'œuvres de chair et incapable de créations, le faire s'exprimer en aigreur sans s'apaiser, sans trouver à se muter en travail récréatif. Elle le fait aussi, hélas, entre les peuples, entre les individus, provoque névroses et folies, et toléré par toutes les civilisations, le désir de création et de procréation contré, s'adorne panoplie de dents, de griffes, de rejection, d'écrasement, de terreur semée, de mort donnée qui, en écho aux névroses et folies d'individus, aux haines des familles, font les haines de groupes ethniques, les luttes fratricides à l'intérieur de l'espèce humaine honteuse et coupable depuis Caïn, mais toujours forte et justifiée de son désir quand trop d'individus y souffrent de leur désir qu'ils sentent bafoué. Alors, unis en masse, cette masse humaine hurlante cherche à se venger de l'affreuse solitude, impôt trop dur à trop d'êtres humains pris au ventre, à la gorge, au sexe, rendus incapables d'exprimer leur désir en langage, par le travail de l'art ou la science, dans l'amour donné, dans l'épreuve fraternellement unis. Solitude qui les oblige à être désir refoulé pouvant alors s'exprimer en découvertes de plaisirs, témoignage d'alliance retrouvée. Certes, c'est le sentiment de séparation qui rend coupable du besoin (cannibale) de mutiler, de tuer. Faute originelle ou malaise de civilisation, ne serait-ce pas ce désir qui ne se guérit pas de sa violence prématurée pour la mère cannibalisée qui nous a sevrés ; violence pour l'autre à battre et morceler, rejeter ou tuer, violence pour faire disparaître la souffrance d'inégalité de l'autre sexe dangereux qui nous nargue, en se dérobant, ou nous séduit pour nous faire tomber sous le coup d'hors la loi ?

Désir exacerbé lorsqu'une mère et un père, eux, ne supportent pas de libérer leurs enfants de leur dépendance inquiète, aux prises avec la crainte de leur solitude et masquant leur possessivité sur les fruits de leur chair du mot ambigu d'amour, alors que c'est par angoisse de leur propre dépossession d'avoir d'enfants et de pouvoir sur eux, qu'ils ne leur délivrent pas le droit aux découvertes des plaisirs et des risques de leur âge.

N'est-ce pas cette dépendance légale et prolongée, au-delà de la découverte par l'enfant des deux sexes de l'interdit de l'inceste, qui barre aux enfants de notre civilisation les élans à leur désir, l'exercice de leur liberté dans l'ensemble de la société à la recherche des compagnons et des activités de leur choix ?

QUI DIRA ?

Qui dira la solitude des amants emmurés dans l'incommunicabilité de leurs corps opaques après l'étreinte qui les apaise et leur donne l'éphémère certitude d'être totalement accordés à eux-mêmes et au monde.

Qui dira la solitude d'une mère devant le sommeil de son enfant dont le jeune destin réserve son inconnu, le corps, le regard, le parler, les jeux, le mystère d'un penser qui s'incarne et qui lui reste impénétrable ; la solitude du père face à la confiance aveugle de l'enfant dans la femme, des parents regardant leurs enfants, autrefois promesses qui au jour le jour font place à des réalités imprévues, et la réponse toujours autre qu'attendue aux questions que les géniteurs posent, pour trouver des réponses qui les sécuriseraient, à leur descendance distraite, confiante en son avenir ou n'y pensant pas, ignorant ce qu'il en est de leurs parents qui vieillissent, la solitude des jours sans nouvelles de ceux qui ont quitté leur toit.

Qui dira dans les plus joyeuses fêtes, la solitude de ceux qui aiment sans être aimés, de celles que désirent ceux qu'elles ne désirent pas.

Qui dira la solitude des compagnons de tous les jours au travail, dans les villes, inconnus de leurs voisins, où rien de la douleur secrète éprouvée au foyer ne peut se dire, la solitude du riche, du possédant toujours envié, la solitude du pauvre honteux de désirer sans avoir rien à offrir, la solitude de l'enfant qu'on prend pour un jouet, de celui dont les parents ne se désirent pas, ne s'aiment pas ou se haïssent, la solitude de l'infirme, la solitude du malade en guerre impuissante avec son corps qui le trahit, la solitude des vieux de qui plus personne n'a besoin, la solitude où l'homme perd confiance en lui-même et dans tous les autres, qui ôte jusqu'à l'espoir, jusqu'au sentiment même de la solitude – le dément.

SOLITUDE ET COMMUNICATION

Accepter de laisser passer sans prendre, sans rejeter, de voir, d'entendre, en regardant, en écoutant même sans comprendre, c'est accepter, mêlé aux autres, la solitude. C'est se reconnaître humain, désir sourcé dans la chair, désir qui, à la tête, au cœur, parle aux entrailles, au sexe, appelle, désir qui entend celui des autres, désir incarné toujours, qui se connaît à jamais séparé, dans l'espace, des objets qui le suscitent dans le temps, des fruits de ses accomplissements, des suites inconnaissables de ses actes, fussent-ils les plus matérialisés, et plus encore les subtils dont les fins nous échappent et que notre désir voudrait maîtriser.

C'est s'accepter témoin, exemple, illustration individuée éphémère d'une espèce dont le désir jamais ne peut trouver dans notre corps caduc et dormeur, justification de ce qui dans nos rêveries et nos songes contredit les limites de notre pouvoir, le sens d'une vérité que nous sommes impuissants à appréhender et à assumer dans nos actes, et qui échappe à nos paroles tout en s'y glissant à notre insu.

C'est accepter le conditionnement sexué parce que notre raison s'amarre à la réalité, celle de notre corps, c'est accepter de maîtriser les élans de chair qu'amour ne soutient pas ; et accepter – par ce qui garde mémoire, en notre esprit, de nos perceptions et médiations de corps – de connaître l'insensé dont s'origine le mot « amour ». C'est accepter la déraison comme certitude d'une raison plus lucide que l'intelligence.

C'est reconnaître en la haine l'amour qui s'y masque par pudeur ou par prudence, et savoir que, dégradés, amour et désir s'accomplissent sous masque de travail ou de vertu.

Et pourtant être, homme ou femme, c'est accepter le destin de cette fallacieuse unité prénommée au jour de notre naissance, centre que nous ne connaissons que par sa périphérie, avec ces contradictions dont notre parole ne peut répondre, c'est accepter de nous aimer par amour de ceux qui nous aiment.

C'est accepter d'ignorer le commencement et la fin de cette apparente unité d'individu que je suis, avec ce corps dont la naissance a été par d'autres déclarée, dont la mort par d'autres encore le sera, toutes deux et leurs franges ainsi par d'autres assumées, l'histoire mienne par d'autres déterminée, par d'autres racontée, oubliée, par moi toujours affabulée. Et pourtant de mes actes me sentir responsable, alors que moi ne suis quand je parle qu'un halo irisé impuissant à me connaître, ni dans l'espace où mon apparence me déconcerte, ni dans le temps où mes souvenirs comme mes projets n'ont pas les autres pour référents.

Ce vécu de trajectoire que dans ma solitude j'appréhende comme mon histoire, en suis-je l'objet ou en suis-je le sujet ? Sans la communication, moi sans les autres, sans lieu ni temps, serais-je ? Suis-je ? (puisqu'aux autres je les dois tous deux). Comme l'a dit Merleau-Ponty, dans cette « trajectoire du vécu », lorsqu'elle est acceptée, « la solitude et la communication ne doivent pas être les deux termes d'une alternative, mais deux moments d'un seul phénomène ». Oui, ce phénomène qu'est l'Homme transparaît, pour les autres qui en sont témoins gratifiés, lorsqu'un enfant, un adolescent, une jeune fille, un homme, une femme, inconscients de leur nécessité, dans une parfaite coïncidence entre leur âge, leur apparence, leur expression dans l'espace où ils ne sont que relief et ombres pour leur surface qui renvoie la lumière, deviennent prismes éphémères de leur espèce qui s'y exemplarise à leur insu, tels qu'ils sont, quand ils se donnent dans une présence qui s'ignore, riches de cette vie qui les habite et les anime dans une rayonnante simplicité qui ruisselle d'eux-mêmes. Ils sont là présents avec et pour les autres, naturellement donnés dans une communication vivante qui s'exprime en éblouissante vérité. Émouvant phénomène humain.

SOLITUDE REFUGE

La solitude se fait cependant attirante aux heures d'échec du désir, de peine ou de déception dans la communication manquée. Elle livre alors l'humain à l'expérience de la magie de sa seule rêverie, où le désir brode ses fantasmes en apaisant ses tensions dans un plaisir qui endort l'épreuve de la solitude. Mais le sujet dont le désir ne s'exerce plus dans la réalité n'opère plus aucun renouvellement à son soi-même connu qui, hors le corps et la monotonie de son vivre de besoins, est livré au champ de l'imaginaire. Le désir s'y réduplique au narcissisme.

Lorsque chez un être humain, de l'enfance au grand âge, le désir se décourage d'en appeler à un autre (chez l'enfant, la notion de l'autre s'ébauche : le dommage est plus rapide), un autre qui dans la rencontre et l'échange de communication détient l'éventualité d'un renouveau, d'une surprise peut-être agréable mais dont il redoute soit l'inaccessibilité voire le rejet, ou bien que l'autre n'est ni à portée de voix, ni à portée de regard, que l'autre est trop différent, que la séparation de lui dans la réalité ne peut se muter en langage par un autre compris, ni trouver un substitut pour leurrer son attente, alors l'être humain risque le piège d'une solitude décréative.

Parce qu'il manque l'attention d'un regard, la tendresse d'une voix, la douceur d'une caresse, la chaleur d'un geste, le désirant sans visage aimé qui lui rendrait le sien, égaré, devient dans son corps masse de chair à son anonymat rendu, dans son devenir arrêté, ramené au dialogue avec son corps.

Si rien ni personne ne vient le délivrer de ce piège, son désir se leurre de fantasmes de moins en moins différenciés en sa nostalgique impuissance ambiguë qui le rend, quoique désirant, ignorant de son désir, quoique être de langage, inexpressif et muet : tonus relâché, visage hébété ; à moins que son corps en ses fonctionnements se dérègle en recevant l'impact de ce désir sans issue d'accomplissement dans l'ailleurs extérieur à l'individu, et l'on parle de troubles « psychosomatiques » – en fait langage d'angoisse –, pour autant que la santé du corps, toujours psychosomatique, est l'effet du désir en relation d'accomplissement langagier avec le monde extérieur, où des rencontres entretiennent l'économie libidinale dans une tension supportable pour l'homéostasie et le silence du fonctionnement des organes du corps.

Cette solitude pathologique, devenant pathogène, il faut à l'individu humain la fuir avant qu'elle ne lui soit devenue refuge dont l'issue vers le monde extérieur pourrait se refermer. Bien qu'il en souffre, il lui faut alors supporter et assumer verdeur renouvelée de blessure mâle ou femelle, tendre vers un ailleurs qu'en lui-même, où peut-être d'autres êtres aussi sont en quête, ou d'autres qui à sa blessure sauront compatir, à son manque délivrer des mots, un geste d'apaisement.

Dans cet ailleurs, d'autres comme lui ont à parler, à crier leur désir impuissant, leur manque à combler, et cherchent aussi peut-être qui ou quoi les contenterait, car, séparés, sans autres rencontres en qui se reconnaître, tous les humains souffrent.

C'est en s'entre-recherchant, en s'entre-conjoignant que sens de langage est rendu à leurs besoins dans le plaisir partagé d'ensemble les apaiser, qu'est donné à leurs émois sens d'amour ensemble s'exprimant dans la peine ou la joie communiquée, et qu'est offert à leur désir de l'apaiser ensemble, à l'envi d'un recevoir et d'un donné rencontrés qui délivrent le désir dans le jouir enfin trouvé ensemble.

Éphémère, disent les blasés, leurre d'une rencontre impossible. Éphémère certes si, narcisse demeuré, c'est de son seul plaisir et de son seul jouir que chacun se contente, et leurre peut-être, mais leurre qui redonne sens au désir. Et si, non content de ces à-peu-près, cependant non négligés, le désirant continue de chercher, au lieu de retourner à sa solitude refuge, un autre parmi les autres un jour lui révélera, dans la réalité dont le champ est immense et plein d'imprévu, un autre lui apportera le rebond d'espérance, la résonance d'amour conjoint au désir renouvelé dont les vraies rencontres humaines sont occasion de surprise, de trouvaille d'un jouir, mieux, d'une joie encore inconnue.

Ainsi va le désir de tous les humains individués, masculins ou féminins, dans l'alternance de solitude et de communication, de repos et d'activité de désir[9] – rythme et musique de notre être au monde, créatif, récréatif et procréatif de vie, quand paroles et actes sont accordés dans la vie relationnelle.

Mais pour qu'à huit ans, filles et garçons puissent être aptes à l'éducation en société et au désir de s'instruire (l'instruction est actuellement la seule prestation jugée nécessaire à délivrer aux enfants par les institutions sociales), il faut qu'au foyer parental les enfants aient été préparés par père et mère à la conscience de leur personne, aux devoirs vis-à-vis d'eux-mêmes, aux droits qui sont les leurs de par la loi, devant laquelle ils sont des citoyens égaux en valeur, sinon encore en âge, à leurs parents. La dépendance aveugle à l'égard du couple parental, souvent immature et de ce fait narcissique sinon pervers à l'égard de sa progéniture, est pour beaucoup d'enfants un fait dû à la loi. Personne ne leur dit que c'est faux : les enfants d'âge scolaire ignorent que leurs parents ont de par la loi des devoirs envers eux, devoirs qu'ils auront à leur tour vis-à-vis de leurs enfants. Les enfants ignorent que leurs maîtres n'ont pas le droit de les humilier, de les violenter et que s'ils le font, ils ont peut-être des excuses personnelles mais pour autant leur exemple n'est pas à suivre car ils ne se comportent pas en adultes dignes de ce nom, quelles que soient leurs raisons. Les enfants ne savent pas que l'école, les hôpitaux, la police, ce sont leurs parents qui en paient les frais et que ces institutions sont à leur service autant qu'à celui des adultes.

La société telle qu'elle se présente aux citoyens sortis de l'enfance – sept, huit ans – est pour la plupart d'entre eux à l'image que père et mère leur ont donnée, c'est-à-dire formée d'adultes qui ont sur eux pleins pouvoirs. Cet état de choses provient de la carence éducative des premières années, liée elle-même à l'absence de symbolisation des pulsions sexuelles de ces adultes devenus parents.

Car ce n'est ni la parenté naturelle, ni la parenté légale qui forment un enfant, garçon ou fille, à sa conscience personnelle et à sa vie de citoyen. Subir l'autorité d'où qu'elle vienne, développer le gégarisme et l'imitation les uns des autres dans une interrelation de dominés et de dominants, c'est le propre des individus dans les sociétés animales.

L'individuation de chacun selon ses goûts, ses désirs, ses capacités, le respect des différences qui seules permettent à chaque être humain de développer le meilleur de lui-même, chacun développant ses caractéristiques personnelles selon ses désirs et les plaisirs créatifs et langagiers qu'il en retire, telle devrait être l'éducation de chaque enfant non seulement en famille mais tout le temps de sa formation.

Cela exige chez les adultes non seulement l'exercice de leur libido génitale et des pulsions prégénitales sublimées au service de la libido, mais encore la symbolisation de tout ce qui ne se satisfait pas des pulsions génitales dans les relations entre adultes et qui, sinon, refoulé sur des positions régressives d'éthique anale et orale, sans l'option sociale dominant sur le narcissisme individuel, se met au service de l'autorité possessive anxieuse de leur progéniture qui, en âge d'échapper à ce climat dévitalisant, voit alors ses désirs d'autonomie et d'initiations personnelles empêchés ou culpabilisés. Leurs désirs sexuels qui les appellent hors de la famille à la recherche de partenaires d'amour, leurs désirs de s'assumer économiquement, sont réprimés au nom d'études prolongées qui, sans l'ouverture aux autres, retardent et compromettent gravement leur évolution morale et sociale par manque, en temps voulu, d'expérience affective et sexuelle laquelle ne peut s'acquérir qu'au jeu du désir mis en œuvre ailleurs qu'au foyer familial et loin du contrôle parental.

La psychanalyse nous a appris que ni la parenté naturelle ni la parenté légale – si l'une donne un corps individuel et l'autre un nom social à l'enfant –, ne forment à elles seules la cohésion personnelle qui permet l'accès à l'autonomie, au langage d'échange et d'expression individuelle, et l'intégration de cet individu en tant que coopérant à la société avec les autres.

En tant que parents, c'est le don du meilleur d'eux-mêmes, de leur présence attentionnée aimante et prévoyante à leurs enfants tout petits, c'est le savoir de leurs besoins, la compréhension de leur désir, qu'ils ont à initier au langage des paroles et des gestes, par paroles véridiques des adultes conformes à leurs actes, par l'exemple, et non par des conduites répressives et des discours moralisateurs scandés de répression. C'est cela qui forme les petits d'hommes à la confiance en eux-mêmes et dans les autres, qui forme l'individu à l'autonomie conservatrice et créatrice de sa personne intégrée à son groupe social et y coopérant.

C'est la maternité et la paternité symboliques, effet du désir génital ainsi arrivé à maturité de procréation, qui suscite la filiation symbolique chez les enfants. Ce n'est pas le développement physique et le savoir d'entretien et de conservation du corps en bonne santé qui constitue le tout de l'élevage des êtres humains.

C'est d'abord la sécurisation de l'enfant dans la confiance qu'il peut avoir en son corps et la connaissance de ses sensations et de ses activités au contact chaste, tendre, et non passionnel du corps des parents, tolérants à ses manifestations maladroites et initiateurs de sa coordination motrice et langagière. C'est ensuite avec le développement neuromusculaire et la découverte de la marche, la distanciation progressive du corps de l'enfant par rapport à l'assistance physique du corps des adultes, l'accès dans la sécurité de leur vigilance attentionnée à sa découverte de l'espace et à sa maîtrise que soutiennent chez le père et la mère le respect de l'enfant, la tendresse et la chasteté des rapports corps à corps auxiliaires. Rapports encore nécessaires pour soutenir le désir de l'enfant à conquérir son autogouverne, à connaître et à satisfaire librement ses besoins, à assumer ses désirs, à en discriminer les plaisirs, les peines et les difficultés possibles ou impossibles encore à surmonter pour lui, à découvrir la joie d'agir et de communiquer avec les autres, qui étend son monde au-delà de sa cellule familiale à la société avoisinante et à la rencontre de ceux de son âge.

C'est la mise en langage avec les parents de

toutes ses expériences, chacun selon les sublimations féminines et masculines dont ils donnent l'exemple dans leurs comportements, à l'imitation desquels les enfants désirent s'initier. C'est l'inventivité des jeux, les trouvailles industrieuses et ludiques où père et mère collaborent, attentifs à apporter leurs conseils techniques, c'est la créativité partagée avec des camarades, les rivalités et la coopération dans laquelle, encouragés et éveillés à la prudence, les enfants aiment à risquer leurs pouvoirs grandissants, sûrs qu'en cas d'échec ils trouveront consolation auprès de leurs parents et moyen de tirer profit des expériences manquées, car l'imagination des enfants fait souvent fi de la réalité, ce qui crée à leur impuissance des obstacles formateurs parfois éprouvants.

C'est aussi au jour le jour les observations des adultes, des autres, de soi-même, la découverte de la sexualité, de ses plaisirs et de son rôle dans la formation des couples, la venue au monde d'enfants et aussi la découverte du phénomène de la mort, des lois auxquelles les parents que l'on croyait tout-puissants sont autant que l'enfant soumis : loi de l'interdit de l'inceste et lois de la société, rôle de l'argent, c'est-à-dire droits et responsabilités, devoirs, qui limitent chez les adultes le règne du bon plaisir.

Tout cela implique colloques ouverts, paroles justes, sentiments de sa valeur et fierté de son sexe accordés au jour le jour à chaque enfant qui se sait intégré par les lois réglant les désirs dans leurs expressions, où chacun prend plaisir sans nuire à celui des autres.

Ce sont les parents qui, par leurs paroles et leur comportement, font comprendre aux enfants combien la vie d'adulte peut être attirante et que c'est à l'école, aux activités de loisir dans l'amitié avec les autres de leur âge que, comme leurs parents à leur âge, ils peuvent apprendre et peut-être trouver des réponses à tout ce qui les questionne. Père et mère, se soustrayant alors à la dépendance de l'enfant, lui donnent l'exemple d'acquérir sa liberté. On se retrouve en famille, chacun apportant jour après jour de ses occupations, de ses plaisirs, de ses difficultés, de ses réflexions, de ses relations sociales, la vie de communication qui fait le climat du foyer. On se partage les charges familiales, on fait des projets pour les jours de congés. Chacun selon ses capacités et ses talents aide à la maison, coopère, les enfants comme les adultes n'empiétant pas les uns sur la liberté des autres. C'est le climat de la vie de famille au sens symbolique du terme, où chacun trouve sa place et, après les séparations auxquelles l'incitent son âge et ses intérêts, le plaisir de se retrouver et d'être ensemble jusqu'au moment venu d'échapper à la tutelle parentale pour choisir sa voie en en prenant les risques.

Tâche personnelle actuellement difficile pour les adolescents auxquels la société n'accorde le droit de gagner leur subsistance qu'à seize ans révolus, d'échapper à la dépendance des parents qu'à dix-huit ans, alors que beaucoup d'entre eux à douze, treize ans devraient, si les institutions sociales le comprenaient, échapper de leur plein gré à la régression imposée à leur libido par leurs parents réels, carencés au point de vue symbolique, qui les retiennent dans la dépendance infantile.

Le statut de sujet c'est tout petit déjà qu'au jour le jour l'enfant doit sentir son père et sa mère le lui délivrer, au lieu de le conserver objet de leur bon plaisir et le maintenir, par leur angoisse ou leur autoritarisme, dans une dépendance qui le retarde et le pervertit en le soustrayant aux contacts formateurs de ses expériences personnelles dans ses initiatives et à la fréquentation précoce des autres enfants et de la société, de sorte qu'au nom de leur névrose ils lui inculquent la méfiance de lui-même et des autres.

Père ou mère, naturel ou légal, tout adulte tôt ou tard désire le devenir. Cela engagera la femme de quelques instants à quelques mois quant à son corps, cela peut engager sa vie économique, du moins la loi y veille, pour alléger les dépenses de la collectivité. Mais la maternité comme la paternité humaine engagent la vie affective jusqu'à l'âge de la puberté des enfants.

Mais que fait-on pour éduquer les garçons à leur responsabilité affective, pour les préparer à leur responsabilité symbolique paternelle, pour préparer les filles à leur responsabilité maternelle, conjugale affective et symbolique ? Rien. Alors que c'est de huit à treize ans qu'une société devrait s'occuper de cette formation. À l'âge des amours et de la formation professionnelle, c'est trop tard…

SURGISSEMENT DU RÉEL [10]

Nous découvrons les joies de la communication et le dépassement fécond grâce à nos impuissances conjuguées.

Mais le Réel – et non la réalité – ce n'est ni la solitude ni la communication qui peuvent nous le faire connaître. Et c'est pourtant de lui dont nous sommes assoiffés, Réel au-delà de nos contradictions, de nos séparativités, de nos imageries, de nos symbolismes, de nos plaisirs cherchés et trouvés.

L'étude des sciences nous apporte le savoir, la connaissance des lois, tout ce qui nous permet la maîtrise technique des choses de notre planète – et maintenant, même au-delà. En associant notre travail à celui des autres, la technologie nous rend maîtres de modifier nos conditions naturelles de vie, mais aussi de mort.

Depuis la découverte du feu, que de transformations l'espèce humaine n'a-t-elle opérées sur la planète ! – mais toujours menée par l'alternance entre la nécessité du désir imaginaire, appui aux conditions de la réalité, et la nécessité de consommer et de se protéger, la volonté de construire et de s'entraider à vivre entre élus et alliés et la volonté de détruire et dissocier les alliances de ses ennemis.

Nos recherches sur l'infiniment petit, les découvertes de l'énergie qu'il recèle, les recherches sur l'infiniment grand, tout cela qui nous rend, à l'aide de l'imagination, inventifs de techniques et de maîtrise de la réalité, ne nous enseigne rien du Réel. L'art nous en fait approcher plus que toutes nos autres activités, mais les problèmes de technologie limitent l'expression de nos intuitions le concernant.

Nos recherches sur l'homme lui-même sont-elles plus avancées quand le savoir croît sur la formation des groupes, sur les énergies affectives en jeu qui les font et les défont ?

La psychanalyse, la médecine, la chirurgie, la biologie se heurtent à ce phénomène humain toujours imprévisible. Les lois qui nous paraissent les plus sûres se heurtent toujours à l'exceptionnel qui surgit sous nos yeux, effet du Réel que nous ignorons.

Le déterminisme des choses ne nous permet, pour l'homme, que de comprendre *a posteriori* chez l'un d'eux ce qui chez un autre a entraîné d'autres effets. L'homme pour l'homme recèle une liberté qui échappe à nos prévisions.

Le Réel qui pourtant nous constitue, auquel nous nous heurtons sans le connaître et pour lequel nous n'avons qu'un mot opaque, toujours singulier, comment l'aborder ? Comment aborder ce qui se cache sous ce concept ? N'est-ce pas un mystère déjà que nous l'ayons nommé sans en rien savoir ?

De ce Réel qui nous échappe dans nos avenues codées du possible et de l'impossible dont nous passons notre vie à comprendre les lois, espérant ou redoutant son impact dans notre réalité – le surgissement parfois se fait alors punctiforme présence : aux entrailles de la femme, par ce dont tout à leur plaisir donnés l'homme et la femme s'ignoraient porteurs ou émetteurs. L'étreinte accomplie, après le duo de leur jouissance passagère, le désir laisse les partenaires ou les amants à nouveau livrés à leurs doutes ou à leurs certitudes, unis par l'amour ou séparés. Cependant, dans l'invisible, cette parole en appelle à un autre, qui parfois répond. Trois désirs[11], un instant conjoints, se font chair en devenir.

SOLITUDE HEUREUSE

Ces moments de grâce du phénomène humain – que nous sommes aussi pour nous-mêmes – nous en connaissons tous depuis notre enfance, lorsque la solitude n'est pas par nous ressentie comme l'amer rejet de notre désir par celui des autres mais quand, las de nous être exercés jusqu'à notre meilleure expression donnée, dans la veille, dans un travail, ou dans nos rencontres avec les autres aux limites de notre désir et de notre pouvoir, nous sombrons avec délices dans le sommeil réparateur. Car l'homme après les jeux du désir se doit de revenir à son corps dans une solitude récupératrice de son être au monde, au rythme de son souffle, dans l'oubli de ses pensées, de ses gestes, de ses sentiments, de lui-même et des êtres chers comme de ses ennemis, dans la plongée à son anonymat réassumé.

Il s'y ressource en son dormir dans des forces qui, aux franges de son inconscience, réaniment la foi archaïque en un vivre qui s'ignore créature individuée, dans l'éclipse rythmée de son « moi » qui toujours désire, le confiant au repos qui le fait s'ignorer jusqu'à son réveil. Là, parfois surpris de l'étrangeté qui en songes l'a visité, menant ses pensées dans des chemins que sa veille ignore, il retrouve ses besoins d'échanges et de consommation qui le rendent alors à nouveau à son corps attentif et, par ses désirs repris, de nouveau prêt à en poursuivre les desseins.

Il est aussi des lieux de la nature où les hommes goûtent, cette fois tout éveillés, tous leurs sens réceptifs, la grâce d'une solitude heureuse. Lieux de beauté, de sérénité, de douceur, de maternance impalpable, lieux de paix et de joie ténue pour le cœur, de repos pour le corps qui dans son activité s'y sent léger ; lieux où, bien que solitaires, les hommes peuvent trouver un temps l'oubli de leur destin séparé, dans un silence de paroles humaines peuplé du bruitement rassurant et vibrant d'une nature à la leur accordée, où tout est langage de présence spirituelle, où, sans code appris, sans grammaire connue, toute la nature semble donner à l'homme foi en lui-même et lui parler d'amour.

Bénis soient ces lieux et bénis y soient le ciel, l'air, la terre et l'eau. Bénies les créatures végétales, arbres, fleurs, fruits, sites amis, dans le souffle du vent qui nous porte, légères et familières, les odeurs de la vie et les sons lointains ou proches qui, sans alerter nos oreilles, nous confirment dans notre être par l'existence aimée des autres. Dans ces lieux, nos angoisses perdent leur aigu, ramenées à des proportions que notre imagination ne boursoufle plus, nous retrouvons une communion avec le monde et l'alacrité de notre cœur. Ces lieux d'ordonnance naturelle parfaite, à nos sens accordés, sont des lieux où le temps semble s'arrêter dans un instant de grâce.

Chaque être humain, enfant, adulte ou vieillard, a rencontré de tels lieux où l'écho d'une archaïque paix de son être a résonné en lui, paix d'avant le temps des apparences, connivence au sang et au respir aux limites de sa peau, d'avant le miroir, ô Narcisse, sourire de tout l'être d'avant que ce soit visage, solitude qui loin de peser au cœur et à l'esprit l'enivre de sérénité.

Chacun de nous, quand l'étreint le sentiment de n'être pas compris, d'éprouver un sentiment impossible à communiquer, sentiment douloureux qui fait le corps mal être au milieu des autres, en famille, en société, dans un groupe, dans la foule, ressent la solitude amère que nous traduisons par ennui, angoisse, tristesse, mélancolie, désespoir ou avec des mots populaires encore inadéquats mais plus proches de ce mal-être : « cafard » « bourdon ». Fuyant l'état obsédant qui nous fait prisonniers, nous aspirons alors à retourner sinon en réalité, du moins en imagination, à l'un de ces lieux où la solitude est paix, un de ces lieux de la planète où la nature un jour a su nous redonner vie confiante, espérance dans notre douleur de mal-aimé mal-aimant, lieux de bonheur trouvé.

Alors la solitude nous apparaît douce malgré l'impossible communication avec les êtres chers, les compagnons de travail, malgré ces visages rencontrés sans regards échangés, ces bouches parlantes sans mots qui nous touchent, ces corps mobiles étrangers, aux gestes de guignol, sans bras fraternels posés sur notre épaule et sans main secourable.

Bénis soient ces lieux terrestres de ressourcement où, solitaires et assoiffés d'amitié, la nature sait nous être fraternellement jumelée, où rien qu'en y rêvant, en retrouvant une photo, un dessin évocateur, un sourire, une joie humanisée nous est rendue. D'abattus que nous étions, nous sentons notre courage revenir, par la nature déchiffonnés, soulagés de ce qu'il y avait d'incommunicable dans notre épreuve et rendus au langage du jour qui reprend son cours.

Bénis soient aussi les animaux dont l'espèce amie des hommes depuis des millénaires est une présence secourable, nos auxiliaires aux fardeaux du travail comme aux choses plus subtiles qui font la solitude humaine pesante.

Que de détresses solitaires du corps et du cœur ils ont aidé et aident encore chaque jour à supporter, que de plaintes et de secrètes angoisses ils permettent à leurs maîtres et à leurs maîtresses, aux très jeunes sans autres camarades comme aux vieillards, aux clochards comme aux milliardaires, de dire à leurs oreilles discrètes. Que de fois ces animaux qu'on dit domestiques ont apprivoisé la sauvagerie réveillée au cœur des hommes, abandonnés par le compagnon traître ou l'ami disparu. Ces vivants d'une autre espèce qu'humaine, fidèles, affectueux, patients, qui savent entendre, comprendre et partager au jour le jour tristesse et peines des hommes.

Bénis soient, consolation de notre ennui, acceptation de notre ingratitude, nos bêtes de somme, nos bêtes de trait, nos animaux domestiques, humbles présences muettes et compagnie rassérénantes dans notre monotone et décevant quotidien aux heures de fatigue, d'insomnies, d'inquiétude, de solitude.

POUSSIÈRES

Tout désir est toujours discutable par autrui, mais lorsqu'il se conjoint à l'amour, il rend l'être humain qui assume alors entièrement son option non pas être de raison et de prudence, mais responsable de toutes les résultantes de ses contradictions.

Désir qui brigue de s'accomplir, en feignant de s'ignorer, et qui recourt pour ce faire aux modes sexuels non féconds ayant précédé la découverte du désir génital. C'est le mode agressif, capteur ou destructeur, ou la jalousie térébrante, antinomique de vie symboliquement rayonnante, celle qui transcende le véritable amour et qui ne se trouve que dans la liberté et tous ses risques affrontés.

Ce désir incestueux barré, dégradé du mode génital au mode anal et oral (comme on s'exprime en psychanalyse) provoque dans les familles – et par transfert sur les individus des familles alliées, entre frères et sœurs humains, de races différentes, honteux de ne pouvoir s'aimer différents et de ne pouvoir s'entre-posséder les uns les autres – le désir devenu haineux d'exclure et de déposséder celui qui n'est pas semblable, celui qu'à notre plaisir nous ne pouvons soumettre.

Et comme le désir ne s'interrompt jamais depuis qu'il a fait se conjoindre les éléments séparés originaires de la première manifestation de vie humaine – laquelle est apparue à travers apports et déports, la multiplication cellulaire elle-même s'organisant en vie par adjonction et élimination simultanée, allant s'individuant par le jeu de partitions et mutations – lorsque, refermé sur lui-même, le désirant s'enferme, c'est à l'intérieur de murs que son énergie psychique de désir refusé construit...

Et si l'amour resurgit avec l'espérance d'un autre, dans la foule trouvé, qui vêt le corps de splendeur ravivée, le cœur de joie ruisselante, le maître d'œuvre n'est pas longtemps comblé. La solitude le guette, ultime séparation quand vient la mort du corps qui sépare ceux qui s'aiment avant que n'ait sonné la fin du temps qui les conjoint.

Ce sont ces contradictions inhérentes à notre condition humaine qui font, lorsqu'ils les assument, l'honneur des humains et libèrent aussi les pouvoirs de la communication créatrice. Si l'enfant comprend que selon la raison tout désir est discutable et que ce qui crée les tensions du désir, c'est désirer autrement que la loi autorise, cela le conduit à dépasser dans l'amour des contradictions qui sans amour sont irréductibles. Dans l'amour et les œuvres que l'amour seul suscite.

Mais, dans chaque individu humain, l'espèce qui à travers lui cherche sa pérennité, lui fait en son sexe ressentir le besoin qui mène tous les mammifères à la copulation reproductrice. Rares sont ceux, assez délinquants ou irresponsables pour s'y livrer comme les animaux, mais nombreux sont ceux qui se livrent à ce besoin, leurrés par leur désir excité en fantasmes et qui l'accomplissent sans engager la responsabilité de leurs actes au-delà de l'instant du plaisir qu'il procure.

L'agir est marqué exemplairement par la loi qui impose au désir hors la loi, quant au plaisir du corps incestueux, la castration. Le refoulement de ce désir irréalisable le stimule à ne s'accomplir que par la voie symbolique, travail et langage par quoi l'enfant entre de droit dans la communication et la coopération sociale, cela d'autant plus que la délivrance de l'interdit œdipien est le fait de l'adulte tutélaire du même sexe que l'enfant, porteur aux yeux de l'enfant de valeur sociale, et que l'adulte tutélaire de sexe opposé est accordé à son adulte conjoint.

Lorsqu'en son sexe à sa maturité parvenu, ceux de l'autre sexe l'attirent, par l'effet de nature qui à travers les individus de toutes les espèces veille à leur conservation par le génie reproducteur qui chez les humains est procréateur, le désir informé par le besoin nimbe d'attraits l'autre qui détient ce qu'il n'a pas. La crainte de l'échec ressenti lors de ses premiers projets incestueux réactive le désir à conquérir l'objet qui, à sa vue, lors des rencontres, est pour lui paré de séductions, objet qu'il vise à connaître, séduire et retenir. Que de difficultés réelles et imaginaires il lui faut affronter et résoudre pour arriver à ses fins, d'autant plus désirables que l'objet est par d'autres brigué ou par d'autres attiré, et que les obstacles en semblent plus insurmontables.

Le désir des petits d'hommes, au début associé aux besoins, en est devenu dissociable et dédié à la communication au-delà des séparations. Et ce, grâce aux vocalisations codées créatrices de sens, pour le plaisir des oreilles, aux manipulations modificatrices des matériaux et créatrices de formes, à l'inventivité sans limites originée dans l'observation des lois répétitives que le jeu se voulait imiter, contrer, réordonner, au gré du plaisir de tous les sens, qui se découvraient moyen d'union et d'intercompréhension avec des semblables.

L'individu conforté éprouve la sécurité existentielle nécessaire à sa survie dans un continuum substantialisé que représente son corps, pour lui satisfait dans ses besoins. Mais le sujet au guet, dans la réalité de la rencontre de l'autre, objet de son désir, découvre une expérience sensorielle nouvelle, qui nuance son plaisir de la rencontre et la modalité des échanges. Celle-ci diffère en quelque chose de ses fantasmes anticipatoires qui, dans l'imaginaire solitaire, soutenaient la tension de la dynamique de son désir. L'accord ou le désaccord de son désir au désir de l'autre rencontré crée un nouveau signifié qui module en langage au sujet sa signifiance avec, par et pour l'autre.

SOUFFRIR POUR VIVRE

Le désir jusqu'à la mort corporelle ne s'interrompt jamais chez l'être humain depuis que celui-ci est entré dans la manifestation, depuis qu'en sujet de parole il est rassemblement des cellules reproductrices de ceux qu'il a choisis pour parents de son incarnation. Le désir continue sa route qui se développe en spirale à mouvement dynamique expansif à travers ce qui, dans le corps de l'homme, est croissance et multiplication, par adjonction-disjonction-élimination, que la vie de relation symbolise en langage expressif en sa continuelle mutance fruit de ses partitions.

Ce désir, quand sa dynamique s'emmure dans son isolation au lieu de continuer son destin expansif, voit la spirale infléchir son mouvement, s'enrouler sur elle-même et, après consommations fantasmatiques des structures du moi antérieures devenues ersatz d'éléments extérieurs, enkyste le langage et la fonction symbolique inhérente au désir humain, lui fait scissionner ses propres potentialités prises pour un ailleurs et inverser, sans jamais cesser, si nul ne vient de l'extérieur à cet individu briser le cercle vicieux, la croissance et la multiplication en symbolique de mort et de division.

Le champ de la réalité est envahi par le champ de l'imaginaire, affolé de n'être plus arrêté, par contact des autres perdu, et le champ symbolique voit son réseau antérieurement constitué par le langage à travers le jeu des rencontres interhumaines qui le créent n'être plus ni expansif ni même entretenu, mais allant se déstructurant. C'est comme si la fonction symbolique du désir qui, en langage, se fait métaphore de l'image du corps[12] – elle-même métaphore en son origine de la dialectique du schéma corporel en relation au monde des formes que le désir rend vivantes – se détournait de son destin sexué par refus d'en admettre les risques et les épreuves.

C'est ce que la psychanalyse a permis de comprendre des névroses et maintenant des psychoses où, à des niveaux divers, le désir est arrêté dans ses échanges symboliques ; c'est aussi ce que les psychanalystes entendent comme le fait d'un malheur dont les adultes non coupables sont inconsciemment responsables vis-à-vis des enfants. Je ne parle pas des parents seulement, mais de l'organisation même des relations humaines, et des relations de l'homme avec les créatures vivantes de son environnement.

Toutes les séparations sont douloureuses. La souffrance est inévitable mais c'est aussi à moins de malheur et moins de souffrance inutiles que travaillent les humains quand leur désir s'y trouve y avoir pris son sens désirant, si impuissant que soit chacun dans son individuation, souffrance incluse dans l'ensemble des autres désirants.

C'est la souffrance née des séparations premières – naissance, sevrage, développement neuromusculaire et déambulation dans l'espace – qui fait l'individuation progressivement acquise du corps de l'enfant lequel, dans ses limites tactiles, se découvre créature unique et séparée.

C'est autant l'isolement que la séparabilité du corps qui révèle le petit d'homme, si long à atteindre sa pleine croissance, qui stimule l'enfant si longtemps tributaire d'une tutelle parentale pour survivre physiquement. C'est l'absence de cette auxiliaire qui le stimule à se créer des moyens subtils, à distance du corps à corps : le langage – truchement des regards, des vocalisations sonores, des gestes expressifs de ses besoins et désirs.

La fonction symbolique et la mémoire spécifique de l'espèce humaine permettent à l'enfant un système de signes qui crée un lieu symbolique de reconnaissance entre les individus. Grâce à quoi se crée un lieu module de perceptions à distance par lequel les besoins de leur corps – sans l'apaisement desquels ils cesseraient de vivre – et leur désir de retrouvaille – capable de se temporiser – s'expriment en utilisant l'énergie sourcée en des éléments élus, internes et externes à leur corps, pour exprimer leurs désirs et communiquer, au-delà de l'isolation individuée, pour une conjonction subtile entre individus.

Attisé par la solitude, le désir invente des médiations de communication.

C'est bien la solitude éprouvée par le petit d'homme qui stimule sa mémoire et sa fonction symbolique à s'exercer et à créer des substituts de présence tutélaire, à s'imaginer l'autre présent, à lui parler, comme s'il était là, à imiter les gestes de l'autre en son absence, à travailler de ses mains en attente de son retour, à découvrir son pouvoir sur le milieu environnant, qu'il s'ingénie à modifier pour le plaisir de tous ses sens, plaisir qu'il se donne et qu'il donne aux autres.

Bienheureuse épreuve, cette solitude progressivement apprivoisée, bienheureuse souffrance stimulatrice du langage pour appeler l'autre à l'aide et pour répondre à son appel, elle est stimulatrice d'activité motrice et industrieuse pour apaiser les besoins du corps et le désir de communication à distance, stimulatrice d'entraide, d'alliance des hommes entre eux pour lutter contre leur impuissance face à la nature, alliance des hommes avec les éléments et les créatures que leur imagination créatrice réussit à soumettre à leur vouloir après que leur savoir observateur communiqué les uns aux autres leur permette de s'entraider à découvrir les lois de toutes choses de la nature et à se les soumettre.

Bienheureuse épreuve, cette solitude qui cherche, depuis l'alliance entre familles jusqu'à l'alliance entre groupes ethniques, à découvrir leurs différences, les codes de langage qui d'abord les séparent puis les rapprochent pour une commune reconnaissance de leurs besoins et de leurs désirs dans l'entraide mutuelle.

C'est encore toi, Solitude, qui pousse hommes et femmes curieux les uns des autres, au guet de leurs différences, de leurs manques dissemblants, chacun d'eux au plaisir qui le questionne, avec toi enfermé dans son corps, à son sexe, en son plaisir sans autre, abscons et monotone, chacun rivé à toi qui les fait impuissants.

C'est pour te fuir encore qu'ils découvrent l'un par l'autre s'allumer une ardeur qui s'ignorait, leur désir transfiguré dans la joie du don à l'autre de ce qu'aucun d'eux n'a jamais possédé. Dans l'au-delà de leur rencontre, au-delà de leurs mots d'amour, au-delà de la jouissance du désir accompli, s'opère parfois le surgissement du Réel. Et la vraie parole délivrée que les mots ne peuvent jamais dire mais que nos actes recèlent, prend alors parfois sens de vérité, de cette vérité dont nos corps sont médiateurs mais jamais possesseurs, et nos dires muets dans les silences qui les scandent, les silences de notre plaisir pris ou donné.

Ce que réclame à son aube toute vie, et celle des petits d'hommes, si longtemps fragile et impuissante, c'est sécurité, protection, nourriture, éducation, toutes charges et restriction à leur liberté, qui s'ils l'acceptent, les engagent chacun, ensemble ou séparément, de façon irréversible.

Sans toi, Solitude du vivre humain qui, de l'enfance au grand âge, est piège ou aiguillon pour le désir humain, celui-ci guetté par toi à chacune des parutions fait le corps, le sexe, resté attiré par l'autre qui détient ce qu'il n'a pas et qu'il désire connaître, sans toi qui le menaces, l'attires et l'empoisonnes, sans toi qu'il lui faut fuir, il n'y aurait dans l'espèce humaine que pensées monologues, bruitement de paroles bavardes de besoins singuliers ou pluriels, mais point d'œuvres, point de civilisation, point de rires d'enfants, point de joie, de fêtes, de poésie, d'arts, de sciences, d'invention, point de vivant mystère trinitaire, ce mystère quotidien qui porte nom banal d'amour paternel, maternel et filial, point d'armes, point d'artisanat, point de maîtrise des choses, point de questions au ciel étoilé, aux forces des rivières, à la fertilité de la terre, point de trocs, d'échanges.

Il n'y aurait dans l'espèce humaine que têtes à pensées monologues, bouches à ronchonnements bruitants, besoins de ventres et revendications singulières ou plurielles en échos, qu'absorptions.

Il y aurait sur notre planète la nature certes, en son état premier, violentée par les seuls éléments, grèves nues, fleuves lents ou ravageurs, montagnes aux sommets enneigés, pics inviolés, grottes aux parois sans images, ossuaires sans objets complices, point de chasse, point de bêtes apprivoisées, point d'abris familiers, point de questions aux forces du feu, à celles des rivières et des mers ; à la terre, point de questions à sa fertilité ; entre les hommes, point de travail productif, point de repos dans la joie du breuvage qui fait rire et danser, point d'œuvres, témoignages des civilisations, ni de conquêtes qui font la gloire caduque de notre espèce, point d'inventions ni de savoir gardé et en science enseigné, point de jaillissement d'art parmi l'usuel quotidien, point de récits de songes et d'aventures qui aux veillées font les yeux s'émerveiller, les yeux rire et pleurer, point de Dieux faits à l'image des hommes, secourables ou redoutables.

Il y aurait des souffrances et des plaisirs certes, mais point de peines ni de joie d'aimer, point d'entraide, point d'ardeur à se nuire, point de lois pour assembler des familles et régler les alliances, point de groupes amis.

Il n'y aurait point de racisme peut-être, mais point de chants de guerre, de deuil et de triomphe, point de danse et de poésie, point de nombres et d'écriture, point de jeux d'adresse et de hasard, point d'enfants espiègles et frondeurs, point de colliers, de bagues et de bracelets, point de gages d'amour, point de philtres savants à forcer les émois, à calmer les douleurs.

Il y aurait sans doute l'espèce humaine, mammifères nus au gré des sites et des saisons assemblés en troupeaux motivés par la faim, se serrant dans le froid, se terrant dans le sommeil, hurlant aux cataclysmes, nourrissant et portant leurs petits, mais point de sages pour interpréter les signes, point de mystère trinitaire aux entrailles de chaque spécimen de cette espèce humaine, pas non plus ce mystère qui fait l'âpreté du besoin s'ignorer, qui fait l'envie, la jalousie, la rivalité du désir au sexe devenir jalousie, la rivalité du désir au sexe devenir étrangère, ce mystère quotidien qui a nom amitié.

AU-DELÀ DE LA SOLITUDE, LA MÉDITATION

Quand notre vivre se dépouille de toute quête, sûr de Qui veille quand nous dormons, et que notre esprit sait s'y conjoindre sans céder au sommeil ;

Quand notre faire n'est pressé d'aucun lucre ;

Quand les paroles jaillies de la surabondance de notre amour vivant s'éteignent sur nos lèvres, nous laissant sans mots ;

Quand le temps des autres, et le nôtre oublié, ne mène pas notre rythme ni notre saison, en son jour, présent incomparable en son maintenant qui respire ;

Quand aucun lieu ne nous paraît plus adéquat que notre corps en son inconnaissable réalité, accepté tel dans son instant qui passe ;

Quand nos yeux ne cherchent plus aucun regard et, n'étant plus ouverts ni fermés, sont prêts au voir mystérieux sans forme appréhendable, et nos ouïes vigilantes à l'écoute du silence, dans l'ineffable attente d'une musique encore inouïe ;

Quand notre cœur, tout accueil, s'est préparé à connaître la vérité au-delà des leurres sensoriels et psychiques dont peines et joies ont scandé notre temps de rencontres humaines, de celles qui – la vraie communication nous rendant fiables les uns aux autres – ont porté des fruits qu'à leur destin nous avons laissés ;

Alors, homme ou femme, dans le secret de notre végétative existence, au jour le jour accordée au monde, parce que notre chair est pétrie des mêmes éléments qui le constituent, dans un ordre conforme à notre espèce ;

Alors, sans plus rien demander, homme ou femme que vous êtes, femme que je suis ; alors, mais alors seulement, parfois, peut-être, accédons-nous, le temps d'un éclair, aux délices ineffables de l'Absolue Rencontre.

Tout manque-à-être enfin ignoré, la parole inconnue qui a rassemblé notre première cellule en notre corps devenu chair bavarde ou éloquente, nos pensées alourdies dans des mots, nos désirs dans des actes visant à conjoindre les uns aux autres par-delà nos séparations, cette parole qui, dans son continu fluide et son discontinu cahotant, fait notre vivre, notre allant-devenant, c'est au VERBE, que cette parole en appelle et auquel elle aspire.

LA MORT : CLAMEURS ET CHUCHOTEMENTS

Solitude, pour nous vivants, pleins de sève, tu es, l'épreuve insolite d'être sans savoir, qui nous fait languir d'un visage en qui nous connaître, avec qui nous reconnaître et découvrir par-delà nos dissemblances et nos différences, par-delà nos séparations dans le temps et l'espace, la joie de la communication, l'ardeur d'un vivre qui, dans chacun de nos corps, à ses besoins, à ses limites réduit, est à sa détresse confiné.

Qu'en sera-t-il, solitude ennemie, quand sans plus pouvoir te fuir, notre sève ralentie, prête à se figer, et le vivre avec ce corps épuisé, viendra l'heure de notre mort ? Seras-tu le gouffre, le néant qui nous guettait vivants et qui nous engloutira ?

Solitude et Communication, qui alternez tout le long de la présence sur terre du phénomène humain, que serez-vous quand s'achèvera notre appartenance au temps, que plus rien en nous du désir renouvelé ne quêtera ni avoir, ni échanges, ni faire, ni penser, ni dire possible ; quand assistés nous serons, peut-être, sans plus les entendre ni les voir, par nos proches, confrontés par nous au mystère d'un destin qui s'achève, d'un regard qui s'éteint ?

Solitude de l'agonie, au moment venu de la séparation dernière de ce corps toujours connu et reconnu mien au sortir des sommeils, quand quitus j'aurai donné à ce cadavre, qui de moi, je ou lui, sera chose tienne ?

Comme à l'heure de notre naissance, nous avons aux entrailles de notre mère parturiente laissé notre délivre en poussant notre premier cri pour sa joie, conjointe à celle de notre père – les premiers pour qui avait signifiance de communication notre premier cri – n'est-ce pas aussi une enveloppe qu'alors nous saurons ce corps avoir été quand, à l'heure de notre mort, avec le dernier souffle, nous le laisserons aux derniers battements de son viscère cœur ? Ce cœur, honneur lui soit rendu, inlassable et courageux, jusqu'à la fin notre allié, et qui, délivré de sa charge, ne sera plus nôtre.

La terre, pleine de vie bruissante, donnera place à ce corps laissé en sépulture où d'autres l'auront confié. La terre où l'ont précédé notre placenta et toutes choses qu'à elle prises nous lui avons au long de notre vie rendues. Celles, faites de ses éléments, que nous avons crues nôtres, celles que de nos mains nous avons façonnées, gardées, troquées ou données, celles que des mains des autres nous avons reçues, utilisées, aimées, toutes ces choses resteront après nous pour l'indifférence, l'usage ou le plaisir des autres jusqu'à leur destruction chacune en son temps venu.

C'est en vain, Solitude, que tu t'appliqueras à garder pour toi la chose à toi laissée, ce cadavre qui tout à l'heure corps encore vivant nous défendait de toi, moi intriqué à ce je qui au souffle du seul esprit n'osais encore prétendre ; mais dans la paix des cimetières il te sera dérobé. La vie d'autres créatures, de celles qui ne te craignent pas, toutes à leur besogne, vie dans sa multiforme manducance, aux entrailles de la terre, dissoudra jusqu'à l'apparence de corps à ce cadavre, et c'est en poussière que ses os finiront, échappant à être chose.

Solitude et Communication, crédibles et fallacieuses magies dans votre alternance à nos corps mortels, l'êtes-vous pour notre dérision ou pour notre initiation à toutes deux vous dépasser ?

Solitude insolite, séduisante et redoutable selon les jours, tu es dévitalisante ou stimulante pour notre désir qui découvrait son génie, tour à tour en son passif et en son actif ardent, en son féminin ou en son masculin. Désir ainsi soutenu à découvrir ses aptitudes par-delà les séparations, les deuils et l'abandon des autres, soit à se réfugier dans le bienfaisant sommeil (lui-même repos ou communication avec l'invisible), soit à découvrir la communication avec la nature tout entière dans la paix du cœur ou la méditation, ou avec les humains présents ou absents, disparus et à venir, par la compréhension du sens de leurs langages et par-delà le temps et l'espace des œuvres qui transmettent leur message.

Solitude, parfois piège à nos viscères et à notre chair, communication, piège à notre désir acculé à son contraire, toutes deux sources de joies et de douleurs, vos masques tomberont-ils en nous délivrant, notre agonie passée, le sens véritable de notre existence sur terre, au moment où nous quitterons ce qui conjoignait espace et temps à l'alternante clarté de notre soleil, à notre ambiguë appartenance aux apparences ?

Ce sens, c'est lui que nous cherchons dans la solitude et dans la communication, le pistant tout au long de notre plus ou moins long et plus ou moins difficile chemin que notre vivre à chacun nous fait tracer. Ce sens inconnaissable de notre humble nécessité parmi les créatures animées ou inanimées (peut-être avant nous, hasardeuses manifestations), ce sens parfois nous l'avons pressenti en nos instants de grâce, quand tout ayant place et ordre, nous l'avons soudainement, indubitablement aperçu l'instant d'un éclair dans nous ne savons quelle lucidité.

Si, vivants participants à cet ordre, nous sommes

parfois clairement pour les autres – et eux pour nous – en notre appartenance charnelle précieuse ou odieuse, mais crédible présence alors que rien en nous n'est certain et que tout est éphémère ; si ombres opaques mais réfléchissantes, nous sommes les uns pour les autres parfois des témoins de lumière ;

Si, à la recherche du vrai sens de notre vie, nous sommes parfois, les uns pour les autres, leurres exquis de notre désir par la médiation de nos corps vivants, par l'amour humain, originé dans ce désir qui nous le rend fiable ;

Si nous pouvons les uns par les autres élus connaître ensemble nous entr'aimant une joie qui dépasse l'entendement ;

Si malgré les déconvenues, les déceptions, les chagrins dont nous sommes les uns les autres l'occasion, si malgré cela, au-delà des corps, notre désir, qui est de vraie communication et de rencontre sans limites, fait que toujours les uns par les autres nous nous soutenons dans son espérance ;

Alors, je crois qu'à notre mort, masques moirés de vérité que vous êtes pour notre attente au jour le jour reconduite, solitude autant que communication, en cessant votre alternance, vous tomberez ces masques, et que nous connaîtrons le vrai sens de notre unique désir.

Je crois que ce que nous nommons mort accomplit l'inconnaissable métamorphose, comme le fait au fœtus le cataclysme de la naissance qui accomplit la mutante transformation l'introduisant au monde. Monde que, ne nous souvenant pas de notre existence fœtale et n'en connaissant pas d'autre que terrestre nous appelons ainsi, alors qu'il n'en est qu'un des modes – le monde des vivants, celui de la chair qui respire.

Que pourraient dire les chenilles, si elles parlaient, de leur futur papillon, quand elles se figent en devenant chrysalides et que nous les voyons tout quitter de leur connu rampant, tout perdre de leur avoir et de leur faire, et disparaître du monde de leurs congénères ?

Je crois que notre total désarroi, notre total dénuement, celui du mourant, sans recours possible, libère notre unique et vivant désir. Vivant, nous le connaissons à peine et qui peut savoir à cet instant tout proche, le mystère du désir, et la mort opérant sa question ? Ce désir, nous vivants, nous le déclinons en langage qui prend image des impressions du corps en ce qui lui manque. Et, du corps en ses multiples perceptions et sensations, des images de ses manques – qu'en des phonèmes d'appels d'abord jaculatoires, nous assemblons en mots – nous tissons le langage, trame et chaîne dans le temps, au rythme pulsatile de nos viscères et à la masse articulée de notre corps par notre peau limitée dans l'espace, entre appelants et répondants, nous constituons les signes, les signifiants et les symboles de nos rencontres. Dans ces rencontres faites de nos présences sensées, le Réel survient parfois, toujours imprévisible, surprise sur un fond continu, connu et reconnu, que nous appelons réalité et dont notre intelligence décode les lois répétitives sur lesquelles notre savoir et notre raison en sécurité s'accordent.

Ce tissu langagier, notre mémoire le colore de souvenirs, nos émois de magie, notre vitalité de projets anticipatoires qui soutiennent nos efforts à maîtriser le possible, le distinguant de l'impossible, à valoriser nos acquis et nos faire en pouvoir du désir, en ce que nous apprenons à nous communiquer, à nous partager, à nous dérober, les considérant toujours comme liens sûrs avec la terre, notre seule sécurité commune.

Je crois aussi que le moment venu où plus rien au monde des apparences et des signifiantes langagières ne leurrant plus ce désir, il est alors prêt à lâcher ses dernières amarres au relatif des semblances et dissemblances, du nombre et des différences. Par rapport à ce moment que je redoute, sans doute moment de solitude dernière, je sais tous ceux sans doute qualitativement et quantitativement moins atroces. Mais les expériences passées de souffrances réelles et imaginaires, si définitivement désespérantes que je les aie éprouvées, ne se sont jamais révélées telles mais au contraire transformatrices et transfiguratrices d'un allant-devenant qui jamais n'a fait s'arrêter le devenir mien. Je crois que le moment de ma mort sera aussi celui où ce que je connais de plus essentiel de mon désir, ce qu'est la vie, et pas seulement ce qu'est une vie, fût-ce la mienne, révélera le sens.

Veuille le fils de l'homme, lui qui sur sa croix a vécu de façon exemplaire pas à pas ce chemin redouté, veuille Jésus m'assister et avec lui tous ceux qui, connus ou non, m'ont précédée dans cet insolite passage. Qu'ils veuillent m'assister, ceux qui, parvenus au-delà nous attendent, comme nous attendaient pour nous recevoir à notre naissance des amis respirants et parlants.

Pour chacun de nous, mourant enfant, adulte ou vieillard, quel que soit notre sexe, absurde doit devenir, ayant perdu visage de notre mère – la plus archaïque image, celle du réconfort de la soif apaisée qui, au corps du besoin, cherchant à en retrouver le goût, n'en connaîtra plus la douceur.

Personne non plus, aucun secours à notre cohésion allant se dissolvant. Muet doit devenir le médiateur initial à notre cellulaire et vivante incarnation, celui-là même qui avait nom de père et qui doit prendre le visage inhumain de celui qui abandonne l'enfant qui l'appelle et qui toujours en lui croyait trouver recours.

Alors le souffle, premier et impérieux besoin, sera rendu à l'air, ce placenta substitutif commun à toutes les créatures animées. Alors seulement viendra la mort de ce témoin visible en corps humain d'une parole issue du verbe, avant que père et mère à notre conception, l'aient, ce Verbe, alourdi de charnel, et que de générations en générations, clameurs et chuchotements aient éveillé aux hommes l'intuition que leur existence n'est signifiance que de leur appartenance à lui, unis par le langage les uns aux autres dans le temps, les uns aux autres dans l'espace.

Je crois qu'alors ce désir dévoilera son ineffable VÉRITÉ d'appartenance à l'invisible et totale PRÉSENCE.

Au moment de ses ultimes vibrations dans la chair, conjoignant ce désir au VERBE qui, jour après jour, saison après saison, s'est manifesté dans notre passif ou actif agir fécond, au décours de nos rencontres, de nos communications, je crois que le Réel enfin sera reconnaissable.

De notre cheminement terrestre le sens en vérité nous sera délivré de ce que nous croyons terminé et nommons notre vie, quand ce corps n'en est qu'une modalité.

Dans l'au-delà du pensable enserré dans nos concepts, au-delà de l'amour le plus pur qui dans notre vivre avec corps nous a enseigné sur terre joie et espérance, je crois que « résurrection de chair », mot ici-bas surréaliste est la vérité du Réel, et je crois que nous participons déjà sur terre par langage de façon mystérieuse à l'incorruptible et à l'infinitude. Nous atteindrons la joie en Dieu, Désir de notre désir, et ayant enfin rejoint l'ineffable et éternelle réjouissance de la vie de notre chair en sa vérité conjointe au Verbe et transfigurée, nous connaîtrons ce que nous n'avons pu qu'entrevoir dans nos plus pures rencontres, et dans la poésie créatrice de nos plus exquises communications de bouleversantes tendresses entre humains.

NOTES DE ÉLISABETH KOUKI

1. Ce concept original de Françoise Dolto, qu'elle a forgé à partir de son expérience clinique des psychoses, occupe une place majeure dans son élaboration théorique concernant la mise en place du langage et de la communication interpsychique. Cf. plus loin, p. 23ss et p. 86-91. Voir aussi *Séminaire de psychanalyse d'enfants*, t. 1, Le Seuil, 1982, p.151ss ; *Séminaire de psychanalyse d'enfants*, t. 2, Le Seuil, 1985, p. 146-147 ; *La difficulté de vivre*, Gallimard, 1995, p. 117-119.
2. Françoise Dolto décrit l'autisme non organique comme un accident de construction ou une suite d'incidents de construction. Cf. plus loin, p. 33. Voir aussi *Solitude*, Gallimard, 1994, p. 103-112, 439-440, 448-449 ; *L'image inconsciente du corps*, Le Seuil, 1984, p. 275-277 ; *Inconscient et destins*, Le Seuil, 1988, p. 70-71.
3. Les sublimations dont il est question dans ce passage font allusion à l'effet symboligène que Françoise Dolto attribue aux différents interdits ou castrations infantiles. Cf. *L'image inconsciente du corps*, p. 186ss.
4. Cf. in *Séminaire de psychanalyse d'enfants*, t. 1, p. 152-153, le cas de Gérard, autiste aux gestes compulsifs, identifié à la machine à coudre de sa mère. Tout en disant qu'il n'y a pas d'autisme sans compulsion, Françoise Dolto, dans sa clinique, y associe tout comportement de repli sur soi avec l'illusion de n'être pas seul, comme c'est le cas avec la masturbation. Cf. *Séminaire de psychanalyse d'enfants*, t. 2, p. 69-70.
5. L'enfant étant guidé par ce que Freud a appelé le principe de plaisir (inconscient), Françoise Dolto fait une distinction

capitale entre le plaisir du besoin et le plaisir de l'attente du désir. Sur la dualité *besoin/désir*, voir *Au jeu du désir...*, Le Seuil, 1981, p. 268-328.
6. Autre dualité conceptuelle propre à Françoise Dolto, les catégories du *bon* et du *mauvais*, tout comme celles du *beau* et du *laid*, s'installent très précocement chez l'être humain et concernent l'éthique et l'esthétique de l'homme. Cf. in *Au jeu du désir...*, le chapitre intitulé « Sensations cœnesthésiques d'aise et de malaise ».
7. Suite au séminaire de Jacques Lacan sur le stade du miroir, en 1949, Françoise Dolto reprend à son compte ce concept, mais sans en privilégier l'aspect spéculaire. À l'inverse de Lacan, pour qui l'épreuve du miroir inaugure le sujet, Françoise Dolto dit que l'image de soi se construit depuis la naissance, et peut-être même avant, « comme un réseau de sécurité langagière avec la mère ».
8. Françoise Dolto distingue le « substantiel » du « subtil ». Par « subtil », elle désigne l'effet du langage dans le passage de la matérialité du schéma corporel (« substantiel ») à la symbolique de l'image du corps. Le « substantiel » renvoie à l'ordre du besoin, le « subtil » à celui du désir. Cf. *Le cas Dominique*, Le Seuil, Collection « Points », 1974, p. 190 ; *Le sentiment de soi*, p. 242.
9. Il est ici fait allusion aux pulsions de mort, au sens particulier que Françoise Dolto donne à ce concept. « C'est le rien du moi dans l'espace et dans son temps, pour que le sujet se repose de son incarnation seconde, désirante, motrice, attractive, émissive. » Cf. l'entretien de Françoise Dolto avec Isabeau Beigbeder, Pierre Khan et André Senik in « Espaces. Journal de psychanalystes », n° 13-14, printemps 1986. Voir aussi son séminaire sur ce même sujet, publié sous le titre *La vague et l'océan*, Gallimard, 2003.
10. Françoise Dolto désigne le Réel comme l'imprévisible. « Il est l'inattendu qui surgit et qui rend le *toujours avoir*, le *toujours garder*, le *toujours aimer*, jamais sûr. Le Réel, c'est le réceptacle d'inattendu, alors que nous cogitons et raisonnons sur ce que nous appelons Réalité, le répétitif attendu. » cf. *Solitude*, Gallimard, 1994, p. 370. Elle reprend donc de façon toute personnelle ce concept focal de l'enseignement de Jacques

Lacan. Cf. Gérard Guillerault, *Le miroir et la psyché*, Gallimard, p. 245ss.
11. Françoise Dolto revient souvent sur ce thème qui lui est cher, du désir trinitaire, présent au moment de la conception. Au désir des deux partenaires de l'acte sexuel, elle ajoute « le désir inconscient de survivre pour cet embryon dans lequel une vie humaine s'origine ». Cf. le développement qu'elle en fait dans *Le Féminin*, Gallimard, 1998, p. 220-221.
12. L'image (inconsciente) du corps, concept majeur qui parcourt l'ensemble de l'œuvre de Françoise Dolto, s'élabore dans l'histoire du sujet, c'est-à-dire qu'elle est propre à chacun, alors que le schéma corporel est en principe le même pour tous, spécifiant l'individu en tant que représentant de l'espèce. Cf. *L'image inconsciente du corps*, *op. cit.*

INDICATIONS BIBLIOGRAPHIQUES

OUVRAGES DE FRANÇOISE DOLTO PUBLIÉS AUX ÉDITIONS GALLIMARD

Articles et conférences :
1. *Les étapes majeures de l'enfance*
2. *Les chemins de l'éducation*
3. *Tout est langage*
4. *La difficulté de vivre*
5. *Le féminin*

Essais :
Solitude
Sexualité féminine. La libido génitale et son destin féminin
Le sentiment de soi. Aux sources de l'image du corps

Entretiens :
1. *Destins d'enfants – Adoption, Familles d'accueil, Travail social* (Entretiens avec Nazir Hamad)
2. *Les Évangiles et la foi au risque de la psychanalyse ou La vie du désir* (en collaboration avec Gérard Sévérin)
3. *L'enfant, le juge et la psychanalyste* (Entretiens avec Andrée Ruffo)
4. *Les images, les mots, le corps* (Entretiens avec Jean-Pierre Winter)

Correpondance :
Françoise Dolto, une vie de correspondances, 1938-1988

Séminaires :
La vague et l'océan. Séminaire sur les pulsions de mort (1970-1971)
Lettres de jeunesse. Correspondance (1913-1938) (en collaboration avec Colette Percheminier), édition revue et augmentée, 2003

Dans la collection « Folio Essais » :
Les chemins de l'éducation
Les étapes majeures de l'enfance
Sexualité féminine. La libido génitale et son destin féminin
Solitude
Tout est langage

Ouvrages sur Françoise Dolto, hors collection :
Les deux corps du Moi. Schéma corporel et image du corps en psychanalyse, Gérard Guillerault.
Françoise Dolto, c'est la parole qui fait vivre. Une théorie corporelle du langage. Sous la direction de Willy Barral, et avec la participation de Marie-Claude Defores, Didier Dumas, Yannick François, Gérard Guillerault, Heitor O'Dwyer de Macedo, Juan-David Nasio.
Françoise Dolto, aujourd'hui présente. Actes du colloque de l'Unesco, 14-17 janvier 1999. Ouvrage collectif.
Le miroir et la psyché, Dolto, Lacan et le stade du miroir, Gérard Guillerault

AU MERCURE DE FRANCE

Dans la collection « Le Petit Mercure » :
L'enfant dans la ville

L'enfant et la fête
Parler de la mort
Le dandy, solitaire et singulier
Jeu de poupées
Père et fille. Une correspondance 1914-1938
Parler juste aux enfants (entretiens avec Danielle Marie Lévy)
Kaspar Hauser, le séquestré au cœur pur, suivi de *Kaspar Hauser* par Anselm von Feuerbach

AUX ÉDITIONS GALLIMARD JEUNESSE

Paroles pour adolescents ou Le complexe du homard (avec Catherine Dolto, en collaboration avec Colette Percheminier)

CHEZ D'AUTRES ÉDITEURS

Le cas Dominique, Le Seuil, coll. « Le champ freudien », 1971 ; coll. « Points Essais », 1974
Psychanalyse et pédiatrie, Le Seuil, 1971 ; coll. « Points Essais », 1976
Lorsque l'enfant paraît, tomes 1, 2, 3, Le Seuil, 1977, 1978, 1979 ; tomes 1, 2, 3 reliés, Le Seuil, 1990
Au jeu du désir. Essais cliniques, Le Seuil, 1981 ; coll. « Points Essais », 1988
Séminaire de psychanalyse d'enfants, tome 1 (en collaboration avec Louis Caldaguès), Le Seuil, 1982 ; coll. « Points Essais », 1991
L'image inconsciente du corps, Le Seuil, 1984 ; coll. « Points Essais », 1992
La cause des enfants, Laffont, 1985 ; Pocket, 1995
Séminaire de psychanalyse d'enfants, tome 2 (en collaboration avec Jean-François de Sauverzac), Le Seuil, 1985 ; coll. « Points Essais », 1991

Enfances (photographies Alecio de Andrade), Le Seuil, 1986 ; coll. « Points Actuels », 1988

Dialogues québécois (en collaboration avec Jean-François de Sauverzac), Le Seuil, 1987

L'enfant du miroir, Françoise Dolto, Juan-David Nasio, Rivages, 1987 ; Payot, 1992

La cause des adolescents, Laffont, 1988 ; Pocket, 1997

Inconscient et Destins. Séminaire de psychanalyse d'enfants, tome 3 (en collaboration avec Jean-François de Sauverzac), Le Seuil, 1988 ; coll. « Points Essais », 1991

Quand les parents se séparent (en collaboration avec Ines Angelino), Le Seuil, 1988

Autoportrait d'une psychanalyste (1934-1988) (en collaboration avec Alain et Colette Manier), Le Seuil, 1989 ; coll. « Points Actuels », 1992

FRANÇOISE DOLTO

Françoise Dolto, née Marette, naît à Paris le 6 novembre 1908. Études classiques. Thèse de médecine en 1939 : « Psychanalyse et pédiatrie ». Membre fondateur de la Société psychanalytique de Paris (1939), membre fondateur de la Société française de Psychanalyse, ensuite cofondatrice, avec Jacques Lacan, de la célèbre École freudienne de Paris.

En 1942, elle épouse Boris Ivanovitch Dolto. Ils auront trois enfants (Jean Chrysostome dit *Carlos*, Grégoire et Catherine).

Françoise Dolto est connue mondialement pour ses travaux : séminaires, essais cliniques, communications, en particulier ce qui traite de psychanalyse d'enfants. Elle est une figure populaire depuis qu'elle a animé une émission quotidienne sur France Inter au cours de laquelle elle répondait en direct aux lettres des parents qui lui confiaient leurs problèmes d'éducation des enfants. La création de la première Maison verte (dans le XVe arrondissement de Paris) fait d'elle une pionnière : elle inaugure, sur le terrain, une initiation précoce de l'enfant à la vie sociale.

Françoise Dolto est décédée le 25 août 1988.

TABLE

Dans la même collection

1995

Andersen, Hans Christian, *Le compagnon de voyage.*
Arnim, Achim von, *Les héritiers du Majorat.*
Basile, Giambattista, *La chatte Cendrillonne.*
Cabrera, Lydia, *Bregantino Bregantin.*
Diderot, Denis, *Ceci n'est pas un conte.*
Hoffmann, E.T.A., *Conte véridique.*
Lubert, Mlle de, *La princesse Camion.*
Luzel, F.M., *Le chat noir.*
Walpole, Horace, *Contes hiéroglyphiques.*

1996

Deffand, Mme du, *A Horace Walpole.*
Genlis, Mme de, *De l'esprit des étiquettes de l'ancienne cour et des usages du monde de ce temps.*
Lespinasse, Julie de, *Mon ami je vous aime.*
Margrave de Bayreuth, La, *Une enfance à la cour de Prusse.*
Marie-Thérèse d'Autriche, *Madame ma chère fille.*
Roland, Mme, *Lettres à une amie d'enfance.*
Staal-Delaunay, Mme de, *Mémoires de jeunesse.*
Staël, Mme de, *Réflexions sur le procès de la reine par une femme.*
Tencin, Mme de, *Mémoires du comte de Comminge.*

Dumas, Alexandre, *À propos de l'art dramatique.*

Dumas, Alexandre, *Blanche de Beaulieu.*
Dumas, Alexandre, *Delacroix.*
Dumas, Alexandre, *Herminie.*
Dumas, Alexandre, *Histoire d'un lézard.*
Dumas, Alexandre, *L'invitation à la valse.*
Dumas, Alexandre, *Le pays natal.*
Dumas, Alexandre, *Lettres sur la cuisine à un prétendu gourmand napolitain.*
Dumas, Alexandre, *Mes infortunes de garde national.*

1997

Champfleury, *Le chien des musiciens.*
Fabre, Jean-Henri, *Sur le Ventoux. L'Ammophile hérissée.*
Loti, Pierre, *Vies de deux chattes.*
Michelet, Jules, *Le rossignol.*
Tolstoï, Léon, *Le cheval.*
Tourguéniev, Ivan, *Moumou.*

Brentano, Clemens, *Histoire du brave Gaspard et de la belle Annette.*
Grimm, Jacob et Wilhelm, *Les deux frères.*
Kleist, Heinrich von, *Le duel.*
La Motte-Fouqué, Frédéric de, *La Mandragore.*
Novalis, *Journal intime.*
Tieck, Ludwig, *La coupe d'or.*

Allais, Alphonse, *Le chambardoscope.*
Dubillard, Roland, *Si Camille me voyait…*
Fénéon, Félix, *Nouvelles en trois lignes, t.1.*
Renard, Jules, *La lanterne sourde.*
Swift, Jonathan, *Instructions aux domestiques.*
Twain, Mark, *Le meurtre de Jules César en fait divers.*

1998

Dolto, Françoise, *Parler de la mort.*
Dolto, Françoise, *L'enfant dans la ville.*

Dolto, Françoise, *L'enfant et la fête.*
Capote, Truman, *L'invité du jour.*
Faulkner, William, *Evangeline.*
Hemingway, Ernest, *La grande rivière au cœur double.*

Recettes littéraires
I. Hors-d'œuvre froids et chauds, potages.
II. Œufs, pâtes, apprêts de légumes.
III. Crustacés, poissons de rivière et de mer.
IV. Gibiers, volailles, viandes.
V. Pâtisseries, entremets, confiseries.
VI. Cocktails, boissons chaudes et fraîches.

Fénéon, Félix, *Nouvelles en trois lignes, t. 2.*
Mac Orlan, Pierre, *Petit manuel du parfait aventurier.*
Mérimée, Prosper, *Le carrosse du Saint-Sacrement.*
Cortázar, Julio, *L'autoroute du Sud.*
Hearn, Lafcadio, *Kwaidan* ou *Histoires et études de choses étranges.*
Tanizaki, Junichirô, *Le pied de Fumiko.*

1999

Cros, Charles, *Grains de sel et autres poèmes.*
Rimbaud, Arthur, *Le lieu et la Formule.*
Verlaine, Paul, *Filles, Femmes et autres chansons.*

Bataille, Georges, *Poèmes et Nouvelles érotiques.*
Œuvres érotiques anonymes du XVIIIe siècle, *La Messaline française.*
Sade, D.A.F. de, *L'ogre Minski.*

Félibien, André, *Relation de la fête de Versailles.*
Louis XIV, *Manière de montrer les jardins de Versailles.*
Scudéry, Madeleine de, *Promenade de Versailles.*

Collectif, *Chirico/Vitrac.*
Collectif, *Picasso/Reverdy.*
Collectif, *Vlaminck/Carco.*

Belmont, Nicole, *Comment on fait peur aux enfants.*
Dolto, Françoise, *Jeu de poupées.*
Dolto, Françoise, *Le dandy, solitaire et singulier.*

Le vin des écrivains
I. Vins de France.
II. Vins d'ailleurs.
III. Alcools du Monde.

2000

Bashkirtseff, Marie, *Journal.*
Cioran, *Cahiers de Talamanca.*
Andreas-Salomé, Lou, *A l'école de Freud.*

Aragon, *Le Con d'Irène.*
Crébillon, *La Nuit et le Moment.*
Musset, Alfred de, *Gamiani ou deux nuits d'excès.*

Collectif, *Hymnes au Masculin.*
Collectif, *Hymnes à la Terre-Mère.*
Roi Salomon, *Le Cantique des cantiques.*

2001

Grimm, *Lettres des Lumières.*
Catherine de Russie, *L'éloge du sang-froid.*
Lady M. W. Montagu, *L'Islam au cœur.*

Mme de La Fayette, *La Princesse de Montpensier.*
Mme Guyon, *Le Moyen court.*
La Grande Mademoiselle, *Mémoires.*

Cocteau, Jean, *Lettres à sa mère*, 1906-1918.
Dolto, Françoise, *Père et fille. Une correspondance*, 1914-1938.
Delerm, Philippe, *Monsieur Spitzweg s'échappe.*

Le Clézio, J. M. G., *Le jour où Beaumont fit connaissance avec sa douleur.*
Valdès, Zoé, *Ilam perdu.*

2002

Collectif, *Le goût de Lisbonne.*
Collectif, *Le goût de Barcelone.*
Collectif, *Le goût de Venise.*

Busnot, Dominique, *Histoire du règne de Moulay Ismaïl.*
Pidou de Saint-Olon, François, *Etat présent de l'empire de Maroc.*
Moüette, Germain, *Relation de captivité dans les royaumes de Fez et de Maroc.*

Rousseau, Jean-Jacques, *Lettres élémentaires sur la botanique.*
Thoreau, Henry David, *Journal* (1837-1852).
Walpole, Horace, *Essai sur l'art des jardins modernes.*

Modiano, Patrick, *Éphéméride.*
Noguez, Dominique, *Saut à l'élastique dans le temps.*
Semprun, Jorge, *Les sandales.*

Calame-Griaule, Geneviève, *La parole du monde.*
Dolto, Françoise, *Kaspar Hauser, le séquestré au cœur pur.*
Dolto, Françoise, Lévy, Danielle Marie, *Parler juste aux enfants.*

Collectif, *Le goût de Séville.*
Collectif, *Le goût de Palerme.*
Collectif, *Le goût de Bruxelles.*

2003

Collectif, *Le goût de Jérusalem.*
Collectif, *Le goût de Beyrouth.*
Collectif, *Le goût d'Alexandrie.*

Carême, Antonin, *Le pâtissier pittoresque.*
Grimod de la Reynière, *Almanach des gourmands.*
Briffault, Eugène, *Paris à table.*

Collectif, *Le goût d'Amsterdam.*
Collectif, *Le goût de Capri et autres îles italiennes.*
Collectif, *Le goût de Naples.*

Collectif, *Le goût de Prague.*
Collectif, *Le goût de Trieste.*
Collectif, *Le goût de Vienne.*

Collectif, *Le goût de Florence.*
Collectif, *Le goût de Cuba.*

2004

Collectif, *Le goût de Rio de Janeiro.*
Collectif, *Le goût du Népal.*
Collectif, *Le goût de Londres.*

Collectif, *Le goût de Lyon.*
Collectif, *Le goût de Moscou.*
Collectif, *Le goût de Pékin.*

Thomas, Chantal, *L'île flottante.*
Weiss, Allen S., *Comment cuisiner un phénix.*
Desbiolles, Maryline, *Manger avec Piero.*

Collectif, *Le goût d'Antibes.*
Collectif, *Le goût de l'Engadine.*
Collectif, Les jardins secrets.

Collectif, *Le goût d'Athènes.*
Collectif, *Le goût de Tanger.*
Collectif, *Le goût d'Istanbul*

Maréchal de Richelieu : *Au risque de la volupté.*
Monsieur de Pölnitz ; *La Saxe galante.*
Madame d'Aulnoy : *Altière séduction.*

2005

Collectif, *Le goût du Périgord.*
Collectif, *Le goût du Mont Saint-Michel.*
Collectif, *Le goût de la Haute-Provence.*

Collectif, *Le goût de Budapest.*
Collectif, *Le goût de Los Angeles.*
Collectif, *Le goût de Saint-Pétersbourg.*

Collectif, *Le goût des villes de l'Inde*

Élisabeth Barillé, *Le roi des blini*
Marie Nimier, *Un enfant disparaît*